寺井広樹

高学歴AV女優

カメラの向こう側に立つ学歴エリートたち

彩図社

はじめに

「有名私大卒」「国立大卒」「TOEIC○○点」「帰国子女」……。そんなキーワードを、タイトルやキャッチに使ったAV作品が目立ち始めたのはいつごろだっただろうか。

〝エロ賢い〟AV女優と聞いて誰もが思い浮かべる黒木香さんのデビューは1986年。お嬢様学校として知られる中高一貫校から横浜国立大学に進み、大学在籍中にイタリア留学の費用を捻出するためにAV出演したのは有名な話だ。

当時、高学歴であるうえに、在学中にAVデビューする女優はきわめて珍しかった。それに加えて、わき毛を見せる定番ポーズと「わたくし」という一人称を使う上品な話し方、エロいことを織り交ぜつつ、しっかりと自分の意見や感想を語る稀有《けう》なキャラが話題となり、AVの枠を超えて活躍した。ネットフリックスの配信ドラマ『全裸監督』で、当時の黒木さんを懐かしく思い出した人も多かったに違いない。

黒木さんに続けとばかり、90年代に活躍した高学歴AV女優も少なくない。

京都大学在学中の1990年に20歳でAVデビューした響奈美さんは、グラマラスなボディとエロいパンスト姿で話題になった。1992年に、その名も『最高学府の女　現役デビュー』という作品でデビューした桑名みどりさんは、当時、東京大学に在学中。サングラスをかけて出演し、出演作もわずかだったが、響さんに続く超高学歴の現役大学生AV女優の登場と騒がれた。

1997年には、慶應義塾大学に在学中だった涼木もも香さんがデビュー。当初は大学名や現役大学生であることを伏せていたが、週刊誌が報じて話題になり、テレビにも出演。しかし、そのために騒ぎが大きくなり、短期間で引退せざるを得なくなったらしい。

2000年代以降になると、高学歴AV女優が次々と登場。本書の冒頭を飾ってくれた国立大学卒のミュウさん、お茶の水女子大学から東京大学大学院に進んだとされる月丘うさぎさん、千葉大学医学部に入る前からAVデビューしていたと話題になった南まひろさんなど、そうそうたる学歴の女性たちが活躍し始める。

日本経済新聞社に勤務し、著作活動もしていた鈴木涼美さんが、慶應大学在籍中にAV出演していたことを週刊誌で報じられたのは2010年代半ばのこと。以後、本書にご登場くださった現在20～30代の高学歴人気AV女優たちが活躍する時代につながっていく。

高学歴、現役大学生、お嬢様……などのワードは、「そんな女性がAVに……」と男たちのギャップ萌え心を刺激し、次々とヒット作を生み出している。

高学歴ＡＶ女優は80年代・90年代から存在していたが、業界に飛び込む女性たちの気持ち、環境、世間の受け取り方は、明らかに変化しているように思う。詳しくは本文をお読みいただきたいが、青山学院大学卒業後、新聞記者を経てＡＶデビューした澁谷果歩さんは、鈴木涼美さんの存在を知ったことが、ＡＶへのハードルを下げる1つの要素になったと語っている。「普通の人でも高学歴の人でもなるんだなと思って、ＡＶ女優のイメージがかなり変わった」と。

かつては、表向きは華やかでも、アンダーグラウンドなイメージがつきまとっていたＡＶ業界。法的・社会的な働きかけもあり、次第にオープンでクリーンなイメージが強まってきた。「アルバイト感覚で」「フォロワーをふやしたいから」「芸能活動の足がかりに」といったノリで始める女性もふえ、一流企業に入れる経歴を持つ人でも抵抗なく選ぶ世界に、ＡＶ業界は変貌を遂げつつあるようだ。

今回、私が本書を企画した意図のひとつはそこにある。近年、ＡＶ女優さんの社会的な地位が上がってきていると感じていて、それについて現場に身を置く高学歴の方々に聞きたいと思った。個人的な思い込みかもしれないが、私はもともとＡＶ女優には頭のいい人が多いと思っており、知性と痴性、インテリジェンスとエロスはどう関係しているのだろうかと考えてきた。その答えも聞いてみたかった。

立派な学歴をもち、人によっては一流企業務めを果たしながら、ＡＶ業界に飛び込んだと聞けば、多くの人は「いったいなぜ？」と思うはずだ。それに、ＡＶのイメージが変わってきたとしても、家族や周囲の賛同が得られることは簡単ではない。高学歴であればなおさら、その部分での苦労は多いはずだ。これらに関するリアルな心情や経緯を知りたいという気持ちも抱いてインタビューに臨んだ。

本書に登場するのは、５人のＡＶ女優と、ＡＶ男優、そして女性ＡＶ監督……。タイトルでは『高学歴ＡＶ女優』と銘打っているが、業界の動向を広く知るために、横浜国立大学卒のＡＶ男優・黒田悠斗さん、学習院大学から新卒採用を経てＳＯＤで監督として活躍中のレミレミ・ニューワールドさんにもお話を伺った。

中身は読んでのお楽しみだが、みなさんエロ賢さをおおいに発揮していただき、色気あり、笑いあり、興奮あり、人生勉強ありの質・量ともにボリューミーなインタビューとなった。

いろんな角度から楽しんでいただければ、と思う。

『高学歴AV女優』目次

Chapter 1

国立大学、上場企業を経てAVの世界へ現場を退いた現在は実業家として活躍

ミュウ

快活で理知的な雰囲気を漂わせたミュウさん。AV女優業を中心に活動していた数年間で、国内外のアダルトビデオ2000本以上に出演した強者だ。国立大学を卒業後、上場企業に就職するも1年半で退職し、AV業界に飛び込んだ。そこにはどんな理由があったのか。そして尋常ではない出演数をこなしたバイタリティはどこから生まれたのか。

AV女優としての仕事をやり尽くし、AV監督デビューも果たしたのち、実業家に転身。現在は3つの会社を経営するミュウさんに、AV女優になったいきさつからAV業界で生きた日々、業界の裏話、当時を振り返って思うことなどを赤裸々に語ってもらった。

父が連帯保証人になり、借金を抱えて生活が一変

――幼少期はどんなお子さんだったんですか。家庭環境を教えてください。

ミュウ　父も母も会社をやっていて裕福でした。お金持ちと言っても田舎レベルですが、その地域では知られていましたね。不動産、飲食業、清掃業などをやっていて、従業員も何十人かいて。一人っ子なので甘やかされて、従業員たちからもちやほやされて育ちました。小学4年生のときまでは……。

――4年生のとき何があったんですか。

ミュウ　親戚が大きな借金を抱えて、連帯保証人になっていた父が残りを背負うことになったんです。あっという間に極貧生活になって数千円の給食費を払うために、家中の小銭をかき集めてコンビニで札に替えてもらったり、夜中に借金の取り立て屋が来て逃げたり……。「世界が一変するってこういうことなんだ」と肌身で感じましたよ。私は傲慢で嫌なヤツだったみたいで、「あいつん家金なくなったらしいぜ。ざまあ」みたいな感じで、友だちは全然いませんでした。今となっては懐かしい話ですけど。

――友だちいなくて、学校行くの嫌じゃなかったですか。

ミュウ　基本、真面目だったのでちゃんと学校には通ってました。中学でも、同じ小学校からの子が多かったので友だちいなくて。乗っていた自転車を川に捨てられたり、美術の授業で作っているものを壊されたりしましたね。でも学校は休んだことないんですよ。友だちいなくても、修学旅行も普通に参加して。

――強い！

ミュウ　両親に心配かけたくなかったんです。極貧生活になった途端、友だちも会社の人たちもいなくなったし、親戚も助けてくれなかった。全員が離れていって、世界に両親と私の3人だけという感覚でしたね。「母子家庭になったら母子家庭手当がもらえるから」という理由で両親が離婚しようとしたんですが、これ以上、家族のつながりを失いたくなかったから「それだけはやめて」と必死で止めました。それで余計にお金の苦労をさせちゃったなという気持ちもあったから、両親に心配をかけてはいけないと思っていました。

――高校生活はどうでしたか。たとえば部活動とか。

ミュウ　高校では違う中学の人も一緒になったので、いじめは減りましたね。部活では女子バレー部のマネージャーをやっていて、バレー部の子たちとは軽い友だち付き合いはしてたかな。でも、やっぱりほとんど友だちはいませんでした。小中学校での体験が強烈で、深い付き合いに踏み込めないというか……。小中はもちろん、高校もそれほど楽しい思い出はないですね。

――でも、つらい思い出として残っているわけでもないんですね。

ミュウ　当時はそれなりにつらかったと思いますけど、もう自分の中では消化されて、「人生いろいろあるから、しかたないな」っていう感じです。地元で開かれた何かの会のとき、久しぶりに帰って超ざわつかれたことがあります。普通、友だちいなくていじめられた人は、そういう会に行かないと思うけど、最後にみんなで記念写真を撮る時、真ん中に堂々と座って、めちゃめちゃ笑顔で写って帰ってきました。周りはざわついてましたけど、全然お構いなしで。そんなことが平気でできたので、自分の中で消化できたと思えましたね。

――淡々としてますねぇ。大学は国立大学に行かれたそうですが……。

ミュウ　国立大学です。私立で行きたい学校はたくさんあったけど、家庭の経済事情から国立大学にしぼりました。私が通った大学の近くに、親戚が空き家を持っていたんです。そこに住めば家賃はかからないし、地元からも離れられる。都合がよかったんですね。それで、当時の私の学力でも受かりそうだった教育学部を選んで、一発勝負でそこだけ受けました。

――見事、合格されて……。

ミュウ　はい。教育学部だったので、中高の養護学校教員と数学教員の免許を持っています。何の役にも立てていませんけど。

――昔から頭がいいというか、優秀だったんですね。

ミュウ　普通に勉強してれば誰でも入れると思います。それに、私は友だちいなくて勉強するにはちょうどよかったから（笑）。

人との深い付き合いができず、バイトに明け暮れた大学時代

――初めて彼氏ができたのはいつでしょうか。

ミュウ　大学に入ってからです。遅咲きの狂い咲きみたいな感じで。

――大学生活はどうでしたか。

ミュウ　人によるんでしょうけど、日本の大学ってすることなくて。サークルにもちょっと入りましたけど、仲間と何かをしたという記憶もないんです。あ、飲み会にはよく行ってましたね。彼氏との出会いも飲み会でした。でも、それ以外は、ほぼバイトしかしてな

かった感じですね。

――何のバイトですか。

ミュウ　百貨店のケーキ屋さんで働いてました。大学1・2年でバイトしながら単位も全部取っちゃったので、3、4年はずっとバイト。学校に行った記憶自体、それほどないですね。

――彼氏や友だちとの付き合いは？

ミュウ　常時連絡を取り合ってる友だちは1人だけ。彼氏とは「狂い咲き」と言いましたけど、それほど夢中になったわけでもなかったですね。小学校時代に生活が180度変わった体験をまだ引きずっていたんです。人は裏切ると思っていたし、また相手がいなくなることが怖くて、あえて踏み込んだ関係にならないようにしていたと思います。それよりも「とにかくお金」って思ってました。親の借金を返すというのが最大の理由でしたけど、深層心理では愛情を素直に求めることができなかったから、代わりにお金を求めてた面もあったかもしれません。当時は人を人とも思ってなく、お金がすべてという感覚。相当やばいやつでしたね（笑）。

――じゃあ給料が高いバイトも？

ミュウ　そうですね。ケーキ屋さんで働きつつ、一時期、キャバクラでも働きました。でもキャバクラは私に向いてなかったです。１人と同伴して店に入ったら、その人を置いて外に出て、また別のお客さんを同伴して店に戻る。最初に来てくれた人をずっと待たせるなんて、ひどいシステムだなと思って。当時はそういうのをうまくさばけなかったので、長くは続けられませんでした。大学３年のときです。

――短期間でもキャバクラで働いたら、そこそこお金は儲かったんじゃないですか。

ミュウ　いや、稼げませんでしたね。奨学金をもらっていましたが、何とかしのげるという程度で。地方だったのでそんなに生活費はかからなかったのですが、しょせんバイトでは家の借金に充てるほどのお金は稼げませんでした。その後、ケーキ屋さんと同じ百貨店の洋服屋さんでバイトを始めたんですが、そこがすごい高級店で、１日にお客さん１人来て買い物してくれればその日の売上はＯＫみたいな店でした。オーナーママが休みの日に店番をするバイトで、朝の開店から閉める時間までいましたけど、お客さんが来ない日も多かったので、そこで卒論を書きました。ずっと店のカウンターに座っていて、時間もあるので、卒論書くには最適で。

――すごく効率いいですね。稼ぎながら卒論もクリアされて。

ミュウ　効率いいですよねぇ（笑）。

一部上場企業で猛烈に頑張るも1年半で辞めてAV業界へ

――就職活動は普通にされて一般企業に？

ミュウ　一部上場企業に入りました。業種は金融業です。給料がすごくよくて、髪型や服装も自由なところに惹かれて。同じ時期、生命保険会社の初任給が22万円くらいでしたが、家賃や社会保険を引かれると手取りが10万切るので、借金返済どころではありません。だから、他業種は考えずに金融業一択でした。それで当時の金融業の人気ランキング1位から10位までの会社を受けて9社受かり、その中で一番給料がよくて、きれいな寮があって、手取りで月25万円くらい残るところに入りました。でも1年半くらいで辞めちゃったんですよね。

――それはなぜでしょう。

ミュウ　もともと真面目で手を抜くことを知らないし、借金のこともあるからすごく頑張りました。新宿営業部だったんですけど、1年目の新人なのに営業所内で売上2位になったんですよ。残業も必死にやって、枠をすぐに超えちゃったのでずっとサービス残業をしていました。東京の満員の通勤電車にも消耗するし、先輩との付き合いも大変。せめて昼休憩ぐらい1人でいたいのに、先輩たちとご飯食べに行かないといけなくて、それもつらかったんですよね。女性同士の付き合いをうまくできなくて。当時は金融の貸し付け部門では金利が全盛期で、年利24％とか、今と違ってめちゃめちゃ稼げてた時代でした。でも、自分がどんなに頑張っても給料は変わらないんです。それで余計に疲れてしまいました。金曜日は朝まで飲んで、土曜日も朝まで飲んで、日曜日はサザエさん見ながら翌日の出社が嫌で号泣して……。そのくり返しでした。

――それで辞表を出したんですね。

ミュウ　最終的には疲労困憊して、上司に「クスリとかやったら楽になれるんですかね」なんて変なことを聞いてしまったんです。本当に若さというか、何でも思ったことを口に出すもんだから、（クスリをやっているんじゃないかと）疑われてしまって。うちの父親まで呼ばれて、「クスリなんてやっていません。検査してください」と言ったんですけど、自主退職を迫られて、2年目の夏のボーナスをもらって1年半で辞めました。もう耐えられなかったから、今思うとよかったのですが。

――それからＡＶ業界に入ったんですね。きっかけは何だったのでしょうか。

ミュウ　渋谷のマルイ（当時）の前を通るたびに声をかけてくれるスカウトマンがいたん

です。彼に「AVの事務所を紹介してくれませんか」と頼みました。借金を返さないといけないし、「もし今、両親が病気になったら親戚は頼れない。お金返せるのは私だけだ」と思って。手っ取り早くお金を稼ぐためにAVを選んだんです。今思えば本当に安直な理由でAV業界に入ったんですよね。そのまま渋谷のプロダクションに連れていかれて、矢沢ようこさんなどと同じ事務所を紹介されました。

――もともとスカウトマンから声をかけられていたんですね。

ミュウ 彼が「AVもあるし、風俗もあるよ」って声をかけてくれていて。AVを始めてしばらくしてから、同じスカウトマンに渋谷の箱ヘル（店舗型ヘルス）も紹介してもらいました。

――風俗もされていたんですか。

ミュウ しばらくの間は、昼はAV、夜は風俗をやってました。風俗はめちゃめちゃ楽しかったですね。

――どういうところが楽しかったですか。

ミュウ 頑張れば頑張った分、お金が入ってくるところです。AVもそうですよね。頑張れば頑張った分、現場に呼んでもらえて、可愛がってもらえて、「いい子がいたよ」って新しい現場も紹介してくれて……。自分の頑張りがちゃんと形になって返ってくるし、認

【ミュウ　Profile】
1977年生まれ。神奈川県出身。国立大学を卒業後、一部上場企業勤務を経て、2001年にAVデビュー。その後、女優としてだけでなく、責め役や企画ものの司会、さらには監督として活躍。出演作品は、2000本を超える。現役と並行して、タレント事務所などを経営。ＡＶの現場を離れた現在は３つの会社を経営する実業家だけでなく、慶應義塾大学に通う現役大学生の顔も持つ。

められてお金にもつながる。当時は、それが私にとって自己承認になったんです。働くモチベーションにもつながりました。最初にAVや風俗に行ったときは親の顔もちらついて、「何してるんだろう、私」という気持ちもありましたけど、それよりもお金を稼いで借金を返すことの方が大事でしたね。

何も知らずに飛び込んだAV業界は「快感＋高収入」の最高の世界だった

――業界に入る前のAVに対するイメージはどうでしたか。そもそも、AVがどんなものかはご存知でしたか。

ミュウ　全然知らなかったです。友人がいなかったせいか、そういうものに触れる機会がなく大人になったので、とても純粋だったと思います。スカウトマンさんに声をかけられて、何となくそういう世界があるんだなとは思ってました。

――まったく知らない世界に入っていくことに不安があったと思うのですが……。

ミュウ　最初は不安で震えてましたよ。ただ、エロ業界に入って「私はセックス嫌いです」と言う人には仕事がないことはわかってました。嘘でも「セックス大好きです」と言わないと……と思ってそうしてました。スタッフさんに気に入られなかったら、次はないだろうと思ったので……。

――その適応力がすごいです。

ミュウ　友だちがいない時代が長過ぎて、自然とそういう処世術が身についたのかも。デビュー当時、スタッフさんが持ってる自分の宣材写真をチラッと見たら、手書きで「性格よし」って書いてあったんですね。それを見て「よっしゃ！」って思いましたね（笑）。

――本当はエロが好きではなかったけど、割り切ってやったということでしょうか。

ミュウ　それが、嘘から出た誠じゃないですけど、初めての現場で強烈な体験をしたんです。監督面接ものだったんですけど、相手がベテランの男優さんで、人生で初めてピンクローターを使ったんですね。そうしたら「何これ……。世の中にこんな気持ちいいものあるの？」っていうくらい気持ちよくて。そのときは2時間くらいの撮影で、1絡みやって10万円だったんですね。OLのとき、あれだけ毎日働いて月25万だったのに、2時間で10万円もらえて、強烈な快感まで味わうことができて、「AV最高！」みたいな感じでした。その後は10現場くらい、男優さんが森君（森林原人）とじったさん（花岡じった）のローテーションだったんです。けた外れのハイパワーな男優にやられすぎちゃって（笑）。多分、あれがよかったんでしょうね。

――最初の頃の撮影で、AV業界っていいなと思われたんですね。

ミュウ　そうです。ただ、そのうちに「今日やられ役で楽しみにしてたのに、全然してもらえない」みたいなことも起きてきて。そのへんから自分でも見せ方とか尺を意識しないといけないのかなと思い始めました。本当は多分、冬にあったかいお風呂に入って気持ちいい～みたいな感じになれて、そこを切り取ってもらえばいいんでしょうけど。

――撮影現場には、男優さんの他にもスタッフさんがたくさんいますよね。そういう中で体を開くことに抵抗はありませんでしたか。

ミュウ　最初はもちろん抵抗感はありますけど、だいたい女性は2本目くらいからは大丈夫ですね。男性は勃たせないといけませんから大変だけど、女性はまあ、最悪、ローション塗って足開いておけばいいだけですから。あとはきれいな角度で撮ってね、というくらいで。

――90年代の作品の多くは、実際の挿入を伴わない〝擬似〟だったそうですね。モザイクの精度の関係でごまかせたと聞きます。

ミュウ　演技でもやり通せるんですよね、女性は。たとえば、オナニーシーンでも本当に感じてる人と、尺を考えつつ見せる人がいて、それは見ているとわかります。もちろん後者もすばらしいプロで、男の人が気づかないんだったら全然問題ないわけですけど。

フリーになって1年360日現場へ
脳みそを使わずに仕事をした数年間

――出演されたビデオが2000本以上あるそうですね。まさに偉業です。

ミュウ　1年365日のうち、360日くらい現場に行ってました。アメリカのポルノビデオや日本の成人映画にも出演しています。

――わりと初期の頃からフリーで活動されていたんですよね。

ミュウ　多分、当時の業界で唯一、事務所を辞めてフリーで働いた女優だと思います。今でこそフリー連盟できましたけど、当時は100％みんな事務所に入っていましたから。事務所のスタッフにはとてもよくしてもらっていたけれど、当時は本当に傲慢だったんです。あれだけ可愛がってもらったのに、「事務所を辞めます」なんて、よく言えたなと思います。

――フリーになったのはなぜですか。

ミュウ　1人になった方が仕事ができるって思っちゃったんですね。事務所には他にもタレントがいて、私だけガツガツ売り込んでもらうわけにはいかない。だったら、ひとりでやろうと。でも、きっと業界的には扱いに困ったでしょうね。フリーになってからは、現場で他の女優さんと話すのをやめたんです。へんな影響を受けて事務所辞めることになったら悪いなと思ったので。それで、ただもうツンとしていて、すごく怖がられました。とくに新人女優から見たら怖かったと思います。AV始めた頃、「性格よし」と書かれて喜んでいたのが嘘みたいですよね。

――でも真意は「ほかの事務所に迷惑かけないように」だったんですね。

ミュウ　そうです。同時に単純に疲れてたっていうのもありました。疲れ過ぎてて、いいパフォーマンスということより、今日いくら稼げるっていうことしか考えていませんでした。究極、チ◯コとマ◯コがあればいいので、脳みそ使わないんですよ。私ってこんなに頭が回転しなかったかなっていうぐらい、頭を使わない数年間でした。それはそれで、すごくいい体験でしたけど。

――体は、そりゃあ疲れるでしょうね。

ミュウ　疲れ果ててました。あとになって「あの頃はめっちゃ老けてたね」と言われたこともあります。しかも1日2現場とかで、男優欄に名前が書かれたこともありました。

――男優欄ってどういうことですか。

ミュウ　レズの男役ですね。責め役2人のうちの1人がレズみたいな感じで。責め役をするときには最初の頃だけ頭を使いましたね。次こうしてとか、時間も50分もたせなきゃいけないとか、メインの女優さんの魅力を引き出さなきゃとか……。でも自分の思うように相手は動いてくれない。結局、自然に任せるようになって。かえってそれがよかった気がします。

事務所を立ち上げて社長業を兼任 ついに家の借金を返済

――2007年には株式会社として事務所を立ち上げましたよね。その経緯は？

ミュウ　ありがたいことに、その後、仕事が重なることがふえていたんですね。オファーを断るのがもったいないので、私の他に誰かいればと思って始めました。でも、他人って自分と同じようには動かないんですよね。当たり前ですけど。「この人、遅刻してくるんだ」とか、「タレントが電話に出ないことがあるんだ」とか、いちいち驚いてましたね。

――フリーになったのも、事務所を立ち上げたのも、根底にはやっぱり借金のことがあったからですか。

ミュウ　結局、それでしたね。返し終わるまで稼げるだけ稼ぐしかないという……。

――差し支えなければお聞きかせ願いたいのですが、借金はどれくらいあったんですか。

ミュウ　私は金額を知らなかったんですよ。親は言わないし、言わないから余計に不安になって、勝手に莫大な額なんだと思い込んでいました。ところが、蓋を開けてみたら私が思っていたよりも、ずっと少なかったみたいなんです。事務所を立ち上げる前後に母ががんで入院したと聞いて、私は3000万円入っている通帳を持ってお見舞いに行ったんです。いずれ親に渡すつもりだったけど、これじゃあまだ足りないだろうと思いつつ。「いくら借金あるかわからないけど、これで足しになる?」と渡したら、母がホッとした顔して「これで返せる」と言ったんです。それで私もようやく安心しました。ただ、もっと早く金額を教えてほしかったですけど。

――3000万円入った通帳をポンと渡すってすごいですね。

ミュウ　絶対に不思議に思ったはずですけど、何も聞かれませんでした。その後もお互いに触れたことはありません。私は父親が40のときにできた一人娘で、すでに親は高齢で、家にビデオデッキもなかったので気づかれにくい環境ではあったと思います。ただ15年くらい前に親戚から電話がかかってきて「あなたAV出てるでしょ」って言われたことがあります。「私がAVに出たのは、あなたたちのせいだ」って思ったけど、そのときは「出てません」ときっぱり言いました。私は親には「言わない」と決めたので。もう迷いもないし強いんです。

本当にやりたいことは何？ 自問する日々

――借金の問題が解決したとき、何を思いましたか。

ミュウ　借金を返し終わった瞬間、「私の本当にやりたいことは何？」と思いました。お金がないって原動力になるんです。だから、ある意味、それまでの私は生き生きしていたと思うんですよね。だから、満たされるというのも善し悪しだなと思いましたね。ただ、AV業界が居心地のいい楽しい場所だったのは確かでした。何を言われても楽しいほうがいいから、結果的によかったと思っています。

――事務所を立ち上げて社長業を始めてからも、女優業は続けられたんですよね。

ミュウ　フリー時代よりペースは落としましたけど続けましたね。あと、2005年頃からSODさん（SODクリエイト株式会社）の「女子社員シリーズ」の司会のお仕事をいただくようになって……。

――確かによくお見かけした記憶があります。ギャラはよかったですか。

ミュウ　普通に（女優として）出演するほどではないですが、1日に10万円はいただいていましたね。

――女優さんとして出演した場合はどれくらいもらえるものなんですか。

ミュウ　人によりますけど、当時は1日20～30万円ですかね。

――とはいえ1日10万円としても1年分ですごい金額ですよね。それだけでも、さっき話に出た借金を返済できる金額になります。

ミュウ　当時は借金が数億円あるイメージだったので、とにかくAVしかないと思い込んでいて。それこそ久しぶりに地元の会に行ったときも言われましたよ。ほとんど喋ったことのない同級生から「お前に知識がないから、そういう仕事しか選べないんだ」とかボロクソに。今、久しぶりに思い出しましたけど。

――でも、結果的にAVを選んだことで借金を返済することができたんですから、決して失敗ではないと思います。話は前後しますけど、事務所立ちあげの2年前に監督デビューもされましたよね。

ミュウ　メーカーさんが出演者に監督をさせるレーベルを作ることになって、作品を撮らせてもらったんです。でも、監督は難しかったですね。「エロ好きです」って言ってましたけど、本心はお金が好きだっただけですし。当時は女性がAVを見ることなんて少な

かったから、結局、男性向けに作るわけなんですが、男心は全然わからないし。監督を目指しているスタッフさんたちにとっては、すごく失礼なことだったかもしれません。葛藤を抱きつつ、助けていただきながらやってましたね。

――監督作品で苦労したこととかありましたか。

ミュウ　たまたま乗ったタクシーの運転手さんに、「AV撮りたいので、タクシー貸してもらませんか。1日ずっとメーター回してて構わないので」と頼んで。都内走りながら、ナンパした女性をタクシーに乗せて、車内で絡むという撮影を、その運転手さんの出勤日に合わせてやったんです。そしたら、それが個人タクシーでなく普通のタクシー会社の車両だったもんだから、そのタクシー会社から訴えられたことがありました。メーカーの社長と裁判所に呼ばれて、何分何秒にうちのロゴが写ってるから対処しろとか言われて。人生色々あるなと思いました。

――その頃のナンパものって、本当にナンパして撮っていたんですね。夢があります。

ミュウ　作品によるでしょうけど、本物もたくさんありましたね。一般女子も「男優さんって本当にうまいの？」とか興味があったんでしょうね。ナンパのロケに行くと処女が大勢協力してくれる地域があったんですが、女性としてすごく気持ちわかりました。今の時代、大学生で処女なんて言いづらいし、重い感じがしますよね。かといって、そのへんで声かけられて簡単にホテル行くわけにもいかないし、「最初に安心して男優とやれるのならチャンス」と思ってくれる人、けっこういるんですよ。処女に限らず、主婦でも人生で1回もイったことないから経験してみたいという人もいて。

――なるほど。その発想はありませんでした。

ミュウ　表参道に撮影車両を停めて、ナンパした女性を連れ込んで、その中で撮影して、ザーメンかけたまま帰したりとか。

――すごい世界です。

ミュウ　昔は本当に何でもありだったじゃないですか。渋谷の交差点に置いた段ボールの中から全裸の汁男（汁男優。脇役AV男優の一種で精液の提供役でもある）を出したり、街のイベントにまぎれこんで撮影したり、あとはお尻の穴に生き物をちょっと入れてみたり……、いまなら完全アウトですね。

――そこまでいくと、いったいどこの誰に需要があるのかがわかりません。

ミュウ　ドン引きですよね。今の私のビジネスの相手にそんなことがバレたらもう大変（笑）。人生が違い過ぎます。でも、本当に当時はいろいろやってました。セックスなしで1日中女子をいじめる「いじめ学級」なんていうシリーズもありましたし。後日、その主演女優さんのインタビューを見たら「一番嫌だった現場」って書いてありました。トラウマとして残ってるかも。本当に申し訳ないことをしました。

――SMにもかなり出演されていますよね。

ミュウ　初めはM役が多かったんですけど、ある作品で、あまりにも責め役が下手で進まないから突然S役になって終わらせたことがあったんです。それ以降、だんだん責め役の仕事がふえてきました。その頃には感覚がおかしくなってて、一般社会ではきっと危ない人になっていたと思います。いろいろあったけど、結局、やりたいことをやり尽くしたという感じです。

シングルマザーになったあと、子どもの父親の周囲はカオス状態に

――AVの現場から離れた後のお話もお聞かせください。ご結婚はされたんですか。

ミュウ　結婚はしていませんが、2012年に未婚で子どもを産みました。5年付き合った彼氏がいたんですが、妊娠したら「堕ろしてほしい」と言われたんです。それで「1人で産みます。命だから」と。妊娠8か月のときにSODさんが司会に呼んでくれて、でっかいお腹でやりました。その休憩時間に、弁護士から電話が来て「ミュウさん、あの人結

婚してましたよ」って。5年間も付き合っていたのに、まったく知らなかった。いまの奥さんとの間に2人、前妻との間に1人、合計3人の子持ちだったんですね。我ながら人を見る目のなさに呆れました。彼はそれなりに大きな会社の会長で、社員旅行にも一緒に行ったりしてたんですが、誰も教えてくれませんでした。

――社員旅行に連れていかれたら、信用しちゃいますよね。

ミュウ　ですよね。その彼が一昨年亡くなったんです。連絡をくれた人によると、また別の愛人の家で死んだそうです。奥さんが子どももと一緒に夜中に愛人宅に駆けつけて、たいへんだったみたいですね。奥さんは「あんた誰？」、愛人は「えっ、結婚してたの？」って（笑）。彼は周囲に「自分は天涯孤独で、児童養護施設で育った」って言っていたんですが、そのあと、いないはずの実の両親まで現れて。とにかく四方八方に嘘をつきまくってた人だったんで、逆に「そこまでウソつけるのか」って感心しちゃいました。一時は恨みましたけど、今は息子を授けてくれたことに感謝しています。息子のためにも生きていて欲しかったけどしかたないですね。

――息子さんはミュウさんのＡＶ業界での活躍を知っているんですか。

ミュウ　息子は全然知らないんです。多分、私がいまやっている仕事のことも知らないから、「ママはずっと家にいて働いていないように見えるけど、なぜか生活できている」と思っているんじゃないですかね。

――波乱万丈な人生ですね。

ミュウ　いいえ、よくある話です（笑）。家が貧乏な人も、いじめられてた人もいっぱいいるし、不倫している人もたくさんいますからね。たいしたことないんだけど、私がちょっと話上手だから、波瀾万丈に思えるのかも（笑）。

現在は慶應義塾大学に通いながら3つの会社を経営

――常に前向きで、「なんで私だけが」とは思わないんですね。

ミュウ　確かにそういうふうに思ったことはないですね。なんだかんだ恵まれているからだと思います。AV業界でも本当によくしていただいて。学歴に関する話が少なくてすみません……あっ、そういえば私、今また大学に通ってるんですよ。

――えっ！　どこの大学ですか⁉

ミュウ　慶應義塾大学の経済学部です。2022年に入りました。一度、大学を卒業しているので教養科目は終わっていて、履修する科目は少ないんですけど。

――なぜまた大学に行こうと思われたんですか。

ミュウ　私は今、中国とのビジネスをやっているんですが、日本の大手企業の方とご一緒すると、慶應卒の人がとても多かったんです。いろいろな本を読んだら「慶應卒同士は仕事になりやすい」なんて書いてあって。じゃあ、入ってみようかなって……そういう邪《よこしま》な動機で入学しました。慶應は12年間いられるんですよ、学費さえ払えば。学費は年間40～50万円でそんなに高くないし、そのお金で肩書を買ってるみたいなものですね。ちょっと語弊がありますけど（笑）。

――今はかなり手広くビジネスをされているんですね。

ミュウ　日本のＡＶ女優が海外で人気というところから、いろんな方と知り合う機会があって、それが今のビジネスにつながっていきました。結局、ＡＶのおかげなんですよね。

――中国の財閥の方とＡＶ女優さんが親密になったりするんですか。

ミュウ　確かに毎日連絡は来ます。「誰それさんに会えませんか」みたいな。そういう業者を紹介しますけど。中国である程度名前がある人たちなので、社会のルールはちゃんと守る人が多いですね。いまは先ほど説明したサービスの会社とキッチンカーの会社、あとアジア向けのイベント会社を経営しています。

――日本のＡＶ女優が海外、とくにアジアに進出するケースが増えていると聞いたことが

ありります。実際、アジアで稼げるものなんでしょうか。

ミュウ　稼げます。海外での主な案件は広告ですね。私自身もここ数年はアジアで広告の仕事をとってきて、日本の女優さんに出演してもらうというビジネスを多くしてきました。日本で1本40、50万という企画単体の子でも、向こうでゲームのCMなどに出演すると500万円とか1000万円になる。今は業者が増えたこともあってギャラが安くなってきましたが、まだ日本の大手ゲーム会社より向こうの中堅の方が稼げます。最近は海外の広告業界もコンプラがうるさくなってきたけど、それでも日本のAV女優は人気なんです。

――やはり中国が多いんでしょうか。

ミュウ　台湾や香港も多いです。けっこういいギャラですよ。やる気があるならば今は海外に目を向けた方がいいですね。アジアだけじゃなくアメリカで撮影して、向こうで税金払って日本に流す方法もあります。その方がはるかに儲かると思います。やる気があるならばの話ですけど。いまは豊胸でも整形でも普通にできる時代でもあるし。

世界はエロで回っている　エロを征す者が世界を征す

――ところで、ミュウさんは豊胸はされなかったんですか。

ミュウ　私はやってないんです。でも、AV女優をやるなら豊胸はやった方がいいかもしれませんね。だって作品の売行が全然違いますから。胸があるのとないのとでは。

――でも、見てだいたいわかるじゃないですか。豊胸しているなって。

ミュウ　すごく痩せてる子はそうですけど。今はハイブリッド（シリコンバッグの挿入と脂肪注入を組み合わせた豊胸術）とか、技術が発達しているから、なかなか見分けがつかないですよ。もちろん、豊胸する人の体型とお医者さんの腕にもよりますけど。

――AV女優さんは売れると豊胸手術しがちなので、「売れないでくれ」と思います。

ミュウ　寺井さん、豊胸が嫌なんですね。でも、もう現代では普通ですよ。そんなに美人じゃなくてもHカップとかPカップだったら売れるし、きれいでもAカップだと専属にはなれない。顔より胸なんです。ずっとそうじゃないですか。

――私は自然派なんですよ。

ミュウ　それは少数派かも。普通は豊胸した子のほうがやっぱり受けがいい。私も20代だったらやってますね。あまりにもメリットが大きいから。AV女優に限らず、一般の子でも絶対そうだと思います。

――ということは、10年後か20年後、日本人総巨乳時代が来るかもしれませんね。

ミユウ　不思議ですよね。生物として胸に惹かれるんでしょうか。おっぱい嫌いな男の人っていませんよね。

――一説では、年齢とともに男性の関心は下に行くそうです。小学生は相手の顔が一番だけど、中学生になると胸、それからお尻になって、足になって、最後は爪先になって死ぬ、みたいな話を聞いたことがあります。

ミユウ　面白いです（笑）。

――今は整形のハードルも低くなりましたよね。整形や豊胸の費用は事務所が負担してくれるんですか。

ミユウ　いいえ、みんな自分で頑張ってお金を用意してるんです。海外に2週間出稼ぎに行って、1000万円くらい稼いでくる子がいるって話題になったこともありますが、気合を入れたら稼げる方法って、いまはいくらでもあるんですね。出稼ぎをやる子があまりに多くなりすぎて、普通に旅行に行った子まで入国拒否になっている、なんて話もありますし。

――日本人女性がハワイで入国拒否された、という報道を私も見ました。実際にそれだけ増えているんですね。

ミユウ　そう、世界はエロで回ってるんです。私の海外の仕事もほとんどエロから発生してますからね。「エロを征すものが世界を征す」ですよ。

――力強い格言が出ました（笑）。ミュウさんが考えるＡＶ業界の魅力は何ですか。

ミュウ　モノを作る楽しさですね。ＡＶのロケって楽しいんですよ。みんなでワイワイやりながら、一緒になってひとつのものを作っていくのが本当に楽しいんです。

――いいですねぇ、そういう人生もあったかもしれないなぁ。

ミュウ　今からだって、間に合いますよ（笑）。

――最後の質問をさせてください。もし24歳に戻ったら、またＡＶ業界に入りますか。

ミュウ　そうですね。私にとっては成り行きで入った世界でしたけど、たくさんのものをいただいたし、今もいただき続けています。だから、「24歳に戻っても、またＡＶ業界に入りたい」と言いたいところですが……。もう人生の半分以上もＡＶ業界にいたので、次の人生では違う仕事をしたいです。もちろん、そのときは豊胸はしますけど（笑）。

Chapter 2

早稲田大学在学中にデビュー 初出演作が売上ランキング1位を獲得！

神《じん》野《の》藍《あい》

早稲田大学在学中にAV女優「渡辺まお」としてデビューした神野藍さん。清楚な雰囲気と大胆な演技、「現役早大生」というギャップで業界の話題をかっさらった。デビュー作は売上1位となり、その後も約200作品に出演してヒットを飛ばした。大勢のファンの心を鷲づかみにしたが、大学卒業とともに惜しまれつつ引退。

身バレしたときはネットで「学歴を捨てた女」とまで書かれたというが、私学の雄、早稲田大学に在学しながらAV女優になったのはなぜか。どんな思いで2年の女優生活を送り、辞めたのか。現在は会社勤めをしながら文筆業を営む神野さんにとことん聞いてみた。

活発で運動も勉強もでき、生徒会活動もやった小中学校時代

――お生まれは宮城県だそうですが、どんな幼少期を過ごされましたか。

神野　小さい頃から活発でしたね。いろんなことに積極的で度胸が据わっているタイプ。周りからもよくそう言われてました。

――ごきょうだいは？

神野　４つ年上の兄がいます。兄は私とは正反対で、もの静かというか、何事にも慎重なタイプ。対照的な兄妹だなと感じていました。

――どんな家庭環境でしたか。

神野　自営業と農業を兼業していて、すごく裕福というわけではありませんが、そこそこの資産があって不自由なく育ちました。田舎なので、価値観的なことでは少し前時代的なところがありましたね。家にお客さんが来たら正座して頭を下げないといけないとか、兄と私とでは扱いが全然違うとか。それに気づいたのは東京に出てきてからですが。実家にいるときは違和感を持たず、その方針に従ってました。とはいえ、そこまで厳しく縛られ

たわけでもなく、基本的なことをやっていればあとは好き勝手にできました。

――小中学校時代も活発なところは変わらずでしたか。

神野　活発でしたね。騒がしいとか落ち着きがないという意味ではなく、学校の行事や活動を率先してやるタイプでした。あの時代と土地柄にしては早い時期から塾に行き始めたんですが、塾に通うのは楽しかったですね。基本的に勉強は好きでした。小学校高学年くらいから、自分は成績がいい方なのかなって何となく自覚するようになりました。

――中学でも勉強はできたんですね。

神野　中学では成績の順位が出るので、自分は意外と頭がいいんだとわかりました。部活は兄がやっていた影響でバドミントンをやっていました。兄は1つのことに集中するタイプで地区大会で好成績を残すくらい強く、かなわなくて悔しかった。自分は勉強も部活もバランスよくやって、親の自尊心が保たれる位置で暮らす方がコスパはいいか……って思ってました。

――生徒会活動も？

神野　やってましたねぇ。本当に優等生というか、要領がいいというか。

――学生時代はもてましたか。

神野　もてましたね（笑）。同級生の彼氏とデートしたり、女子同士で誰が好きとか騒いだり、中学校時代ならではの恋愛を体験しました。ただ、第一志望の高校が家から離れた仙台市内にあって、自分の中学からは数年に1人行くかどうかの学校だったんです。それで、中学時代の終わり頃には「もうすぐお別れだし……」とフェードアウトしていくような感覚でした。

学校行事、バイト、学外活動と超楽しかった充実の高校生活

――その第一志望の高校に入ったんですか。

神野　公立なのに倍率8～9倍もあったんですが、気合を入れて対策したので、受験した日に「通ったな」と確信しました。合否を知るのはWebでも電話でもいいんですが、合格発表が派手なことで有名な高校なので、どうしても掲示板を見に行きたくて、学校を早退して母と一緒に見に行きました。思った通り受かってて、先輩方に胴上げしてもらい、テレビ取材も受けました。合格発表には必ずテレビ取材が入る学校で、もともと男子校なので女子は少なくて、合格した女子はたいていインタビューされるんです。

――その映像、どこかで見られたりしませんかね。

神野　さすがに残ってないと思いますけど。昨日、ちょうど高校時代の友だちと話していたんですけど、高校入学してちょうど10年経って、「もうそんなに？」という感じです。晴れて合格したんですけど、ちょうど兄が大学受験の時期で、家中がピリピリしていて、母からは「あんまり喜ばないで」と言われました。周りが気をつかっているだけで、兄自身は普通に私に「おめでとう」と言ってくれましたけど。兄は私以上に努力しているのに本番やプレッシャーに弱いタイプで、二浪して大学に入りました。

――高校はどうでした？

神野　めちゃくちゃ楽しかったです。行事が多い学校で、かつ「勉強ばっかりしてるなんてカッコ悪い。イベントも楽しんでこそ高校生活」という雰囲気。自分に合ってました。語弊があるかもしれませんけど、同じ偏差値の子が集まっているので、興味の対象や知識の範囲、面白く感じるツボなんかが似ていて、それも楽しかったですね。合格で満足して、勉強のほうは手を抜いてしまったんですが、まあ平均ぐらいで、提出物とかはちゃんと出して、ぼんやり「卒業したら東北大に行くんだろうな」と思っていました。

――部活もされていたんですか。

神野　中学と違ってあまり部活をやりたい気持ちは湧かず、帰宅部に近い部活を選んでマクドナルドでバイトしてました。「働くっていいなぁ。こんなに楽しくてお金もらえるなんてラッキー」と思ってました。あ、部活ではないですが、学外の活動には参加していました。簡単にいうと、学校の枠を超えた委員会活動みたいなものですね。他校の生徒たちと定期的に集まってイベントの打ち合わせをしたり、大人と会議をしたりと、けっこう忙しく活動していました。

――高校時代の恋愛はどうでしたか。女子が少ないと余計にもてたのでは？

神野　もてましたね（笑）。高校のときからすでに、恋愛と自分の生活を切り離せないタイプでした。親には彼氏のことも隠したりせず、わりと全部話してました。

――いい親子関係ですね。

神野　ずっとよかったですね。親になるならこういう家庭を持ちたいと誰もが思うような家……というくらい親を楽しませてました。

――すごいなぁ。親孝行ですね。

神野　そうですね。まあ、結果的にはすべて裏切りましたけど（苦笑）。私がやりたいといったことはやらせてくれる親でしたが、進学にかんしては別で、「東京の大学には行かせたくない」とずっと言ってました。そのことで、高校の最後には大ゲンカしてしまうんですけど。

高3の土壇場で方向転換 早稲田に照準を合わせて猛勉強

――早稲田に行ったのはどういう経緯で？

神野　東北大に行こうと思っていたんですけど、高3になる直前、ふと迷いが生じたんです。このまま宮城にいて、家から大学に通っても生活環境は変わらない。それって楽しいんだろうかって。ちょうどその頃、親戚のおじさんが早稲田大学出身だという話を聞いて、そういう選択肢もあるなと思い始め、早稲田のホームページを見て「早稲田ってこういう感じか。いいなあ、東京」って。でも今からじゃ勉強が追いつかないか……と思っていたとき、先生から「早稲田の指定校推薦があるんだけど」と言われたんです。それまでの成績がすごくよかったわけじゃないから、推薦を受けるには残りのテストで全部学年5番以内に入る必要がありました。でも、そんな方法があるならと志望校を切り替えたんです。親には猛反対され、バカみたいにケンカして、父とは1か月、口を利きませんでした。

――大変でしたね。

神野　父からは早慶、上智以上じゃないと絶対に東京に行かせないといわれたので、指定校推薦をとるための学校のテスト勉強と、とれなかったときのための受験勉強を鬼のようにやりました。残り2回のテストでほぼ100点取らないと負けるという状況で。それでお世話になったのが武田塾でした。

――「授業をしない」で有名な塾ですね。

神野 受験生はみんな前々から河合とか駿大とか東進とかに行っているんですが、私、今から行って追いつくのかなと思いながら駅の中を歩いていたとき、武田塾のうさんくさい広告を見て運命を感じたんです。「そんな怪しい塾で大丈夫?」という親を「逆転するにはこれしかないと思うから」と説き伏せて行かせてもらいました。武田塾の勉強法は、実はけっこう理にかなっているんですよね。自分のわからないことをそのままにしておくと結局行き詰まるので、「あーもう基礎の基礎からかよ」って思いながらも全部やり直したら確かに成績上がりました。テスト前の追い込みでは1日14時間くらい勉強して、高3の中間テストで学年一桁台、期末テストで学年1位をとってびっくりされました。

――すごいです。

神野 勉強で疲れていても、学校の先生には必ず挨拶して。もともとしてましたけど、よりいっそうさわやかに。推薦って、そこまでしないといけないんですよ。何かあったときに助けてくれるのは愛嬌だなと思ったし、そのへんも神経張り巡らしてました。その頃く

【神野藍　Profile】
1999年生まれ。宮城県出身。仙台市の高校を卒業後、2018年に早稲田大学文学部に入学。在学中の2020年5月、SODクリエイトの専属女優「渡辺まお」としてAVデビュー。週刊誌で大学名を明かしたことで話題になり、デビュー作はトップセールスを記録した。2022年6月に引退を表明。谷崎潤一郎の『痴人の愛』からとった神野藍をペンネームとし、文筆家・エッセイストとして活動している。

らいから「大人ってこうやって取り入ればいいんだ」と思ってました。我ながらそういうところが小ざかしいというか小ずるいというか、自分でもうまいことやってたなと。基本的に負けず嫌いなんですよね。勉強もそうだけど、そこまでやってた自分すごいなと、振り返っても思います。10月に早稲田の指定校の推薦が校内で通って、めちゃくちゃ安心しました。これで私はここじゃないところに行ける、ようやく東京に行けるって。

――親御さんも喜ばれたんじゃないですか。

神野　地方の人からすれば、早稲田大学に受かるのは大層なことでしたし、それも早々に指定校で決まったので親も鼻高々でしたね。両親は兄の受験を3年経験していたので、合格発表のドキドキを体験しなくてよかったと言われました。受験料がかからなかったのもよかったですね。1学部4万とかで10個受けたら40万ですから。1回ですんでコスパ最高でした。

――武田塾の受講料だけですもんね（笑）。

神野　あそこ、カリキュラムはいいんですけど、目立ってる講師陣がよくないですよね。あの塾の人たちが指定校推薦をバカにしているのはあとで知りました（笑）。何にせよ人生であんなに勉強したのは初めてで、もともと勉強は嫌いではないけど、多分あれが最初で最後です。といっても、高3まで彼氏もいたし、お祭り行ったり、イベントを楽しんだりしてました。それでも友だちもみんな志望校に受かりました。

大学時代、1人で寝るのが嫌で数か月で30人とセックス

――大学に入ってからはどうでしたか。

神野　友だちもできたし、サークルも入って楽しかったんですけど、自分は同じ組織にずっとは属せない人間なんだと気づきましたね。入ったファッション系のサークルは1年、フットサルのサークルは2か月で辞めちゃいました。それからはずっとインターンをしてました。先輩から紹介されたマーケティング系の仕事にはまって。やっぱり働いて対価を得るのが好きなんですよね。バイトも塾の講師やら居酒屋やらやって、「つまんない飲み会出るくらいならバイトした方がよくない？」みたいに思っていて。あと自分は本当はあんまり陽キャじゃないんだとわかり、高校までとは逆で表に出なくなりました。

――学部はどこに進んだんですか。

神野　文学部の仏文科です。教授から「仏文、人足りないからおいでよ。好きなことできるよ」と誘われて、そこで生涯の友を得ました。その友だちができたから、仏文に行って

よかったなと思ってます。朝まで遊んでも1限から遅刻しないで行き、課題にも真面目に取り組んで、2年の終わりには卒業に必要な単位を半分以上取り終えてました。

――大学での出会いはどうでしたか。

神野　同じコミュニティで彼氏を作りたくなくて、ちょうど流行り始めていたマッチングアプリをやってましたね。それで大学1年生のとき、マッチングアプリで知り合った相手とアホみたいにセックスしてました。多い時期は数か月で30人くらいと。多分、一人で寝たくなかったんですよ。セックスしたかったわけじゃなく、誰かと一緒の方が寝られるなと思って。でもそれで、自分は好きな人とじゃなくてもセックスができるって気づいて。自分はそういう人間なんだって学びを得ましたね。

――本当ですか。ぜんぜん寂しがり屋には見えないです。

神野　不思議ですよね。私、こう見えてすごい寂しがり屋らしいです。友だちにも言われました。私の課題ですね。最近もずっとそれに関する原稿を書いてるんですけど。

――他の媒体のインタビューを拝見しましたが、当時はエクセルで男性器のサイズを記録していたとか。

神野　並行して5～6人のセフレがいたので、間違えると失礼だなと思って、記録のためにやってました。今思うとバカですよね（笑）。

――あと、その頃にホストクラブにも通っていたそうですね。

神野　マッチングアプリで知り合った人のなかに、1学年下の早大生がいて、「じつは俺ホストなんだよね。店に来てよ」と誘われたのがきっかけです。それからホストにハマって、総計400万円くらい貢いだんですが、ある時、別のホストに「お前、目を覚ませよ」って止められて。彼はそのあとホストを辞めるんですけど、それから2年、その彼と同棲しました。彼はやさしい人で、私がAV女優になってからは「明日撮影なんだから、そんなに食べないの」なんてマネージャーみたいなことも言ってくれたし、撮影から帰ってきたらマッサージもしてくれて……。私が2年間頑張れたのは、彼がいたからです。いろいろあって別れましたけど、彼には感謝しかありません。

投げやりな気持ちで入ったAV業界で、思いがけず新しい目標を得た

――公には大学2年ですけど、実際は大学3年生のときにAVデビューですよね。きっかけは何だったんですか。

神野　きっかけは、大学2年の秋ぐらいに人生の見通しがついたこと、かな。このまま就

活して、それなりのところに勤めて、親の機嫌を窺いながら敷かれたレールの上を歩くんだろうなと思ったら、すごく人生が嫌になっちゃって。その頃、ホストとの兼ね合いもあって、風俗、パパ活、ギャラ飲みとか、わりと何でもやってたんですけど、できちゃうんですよ全部。自分って別に、嫌じゃないんだなと思って。これでお金もらえるなら、別に犯罪でもないし、いいよな、みたいな。全額ホストに貢いでたわけでもなく、貯金もしてたし、戻ろうと思えば普通の生活に戻れたんでしょうけど。矛盾するようですが、そういうことができちゃう自分が嫌で、戻りたくなかったのかもしれません。

——普通の生活に戻りたくなかった、ですか……。

神野　今まで頑張ってきた優等生の私と、そういうことも平気でできる私。その整合性がとれなくなったんですね。頭の中がぐちゃぐちゃになって、「あー、もうどっちにもなりたくない」って思ったとき、終わりにするならこれしかないと思いついたのが、AVでした。暴走の果てですね、あれは。でも、そうしなかったら多分死んでたと思うんで、AVに救われました。

——高学歴でビジュアルもよくて……。人から見たらうらやましい限りなのに。

神野　多分どっかがおかしかったんですよ。本当に賢かったら考えるじゃないですか、いろんなリスクを。でも何も考えられなくて、そのぐらい何かに追い詰められてました。今まで築き上げてきたものを全部ぶち壊して更地にしたいと思って。いろんなところでしゃべってきたように、都合のいいデビューのきっかけは何とでも話せるんですけど、じつはその頃の記憶があまりないんです。ただただ、「終わりにできるならこれでいいかぁ」という気持ちでした。

――深いです。

神野　そんなふうに投げやりに始めたんですが、実際始めてみると、こうしないとAV業界では勝てないとか、じつはけっこうシビアな世界だということがわかってきました。それならちゃんとやらないとと思い始め、新しい目標を得ました。

――負けず嫌いなところが出てきたわけですね。

神野　それがいいように作用したかも。「こんな中途半端な気持ちでやっても意味ない。どうせ終わりにするなら、ちゃんとやって終わりにしよう」と思って。そこからデビューまでに身辺を整理しました。自分が頑張って稼いだお金をそんなことに使いたくないなと思ってホストクラブにも行かなくなったし、中途半端なセフレみたいなのは全部切りました。一個一個清算して、真剣に女優として頑張ろうと思ったんです。あの時は生まれ変わった感じがしましたね。私は目の前に目標をぶら下げられるとやるタイプなので。あの頃はそのぐらい自分にとって無謀な目標を掲げないと、自分のエンジンが復活しなかった。

私にとってAVデビューは、もう一度、自分自身に生命力を吹きこむための起爆スイッチだったんです。

あっという間に身バレしてファンもアンチも爆増

――神野さんは「渡辺まお」名義で2020年5月にデビューされます。その後、DVDが発売されますが、まさに話題騒然でしたね。

神野　デビューが決まって打ち合わせとかする中で、やるからにはパブ（広告）全開でとSNSもやり始めて。そうしたら、デビュー前にきれ～いに身バレして（笑）。2ちゃんにも個人情報が全部書かれて、それを誰かがツイートして、ウソみたいに広がってフォロワーが爆増しました。当然、同じくらいアンチもふえ、浪人界隈から「指定校なんだから早稲田じゃねーだろ」なんて言われて。入れないお前に何がわかるんだと思いましたけど（笑）。ちょうどコロナが始まった頃で、みんなうっぷんが溜まっていた時期でもあったと思います。何をやってもアンチコメントや変なメッセージが来て、メンタルがやられそうになったけど、話題になったもん勝ちと思うようにしてました。おかげでデビュー作は

売れて、リリースが動画配信サイトのセールと被っていたんですが、全部跳ねのけて1位をとりました。事務所の社長もメーカーの担当者もすごく喜んでるのを見て、「ああ、よかった」って思いました。

――当初から「現役早大生」を売りにしようという方針だったんですか。

神野　自分から話したわけじゃなかったし、使っていいかとも聞かれなかったんですが、プロモーションの一環と言われて、学生証をくわえて週刊誌のグラビアを撮りました。その頃はいいも悪いもわからず、権限がある大人が「そのほうが売れる」というならそれでいいかと思って、全部鵜呑みにしてましたね。AV業界って稼げない女の子には人権がないので。売れて初めて手をかけて、仕事を回してもらえるので、売れるためにと割り切ってました。

――「現役早大生」のインパクトはとてつもなく大きかったです。

神野　高学歴と売上は、自分の中ではあまり結びついていませんでしたけど、いろんな体験を通じて利用できるんだと思いましたね。取材や出演のオファーでも、高学歴とAV女優とのギャップで特集を組んでいただけることも多かったので。徐々に「あ、使えるものなんだ。使っていいものなんだ」って思うようになりました。最初は信じてもらえず、「そういう設定なんだろ」という扱いも多かったですけどね。「本当にいるんだ」って驚きだったようです。

――活動をしていく中で、大学から何か言われたことはなかったんですか。

神野　学校名を出しても、とくに大学から何か言われたことはないですね。最近はそういうことを差別する方がよくないみたいな風潮もありますし。大学自体はちゃんと通って単位も落とさず、最後は卒業したので、何か言われる理由もないですし。「早稲田行ったのに学歴を捨てた」とよく言われましたけど、捨てた記憶はないんですよね。みんなが就活で早稲田って言うように、私も自分の活動に使っただけで。

――ネットには「神野さんの影響で母校の指定校推薦枠がなくなった」などという書き込みもありました。

神野　そんな噂が流れたのは知ってますけど、あれって年度によって来たり来なかったりするんで。それと、何かやらかして実際に指定校枠を消しちゃった人たちの話を聞くと、みんな学生科から呼び出し食らってるんですよ。「このままだとお前、母校に迷惑かけるぞ」みたいに。私は大学からは何も言われてないので、お前のせいと怒られてもあまり何も思いませんね。

――たしかに。何も悪いことをしていないのですから、怒られる筋合いはないですよね。過去のインタビューでは、神野さんをきっかけに、ＴＯＥＩＣ何点とか帰国子女みたいな

キャッチコピーが出始めたんじゃないかともおっしゃっています。

神野　そういう作品がふえてきた感じはします。メーカーが売れると思ったんでしょうね。ある意味、そういう流れを作ったのかなと思っています。AV業界の人はいろんなところからエロを引っ張ってくるので、次はまた別の何かをフックにするのかもしれませんが。

帰る場所は失ったけれど、親の顔色を窺う人生とは訣別

——親御さんは、神野さんがAVデビューしたことはご存じでしたか。

神野　デビューして2か月後くらいに、グラビアの載った週刊誌に親戚が気づき、親に教えてバレました。「話さないといけないことあるよね」と母からLINEが来て、電話も何回もかかってきたけど出ないで、自分の気持ちと状況を淡々と文章にして送りました。その後、自分なりの誠意をもって謝罪はしました。

——話し合ったんですか。

神野　話し合ってはないですね。母はわりと飲み込んでくれたけど、父は激怒したままで。最近知ったけど、私は実家、出禁らしいです。でも、もう許してほしいとも私も思わない

んですよ。迷惑をかけたこと、親のプライドを傷つけたこと、恩を仇で返したことに関してはできる限り謝ったけど、これ以上謝ったところで何も戻らないから、もういいやと思って。それから両親には一度も会っていません。

――お兄さんとも？

神野　兄とは去年（２０２３年）の秋に会いましたけど、その話題には触れずに「最近俺、こういうことやってて……」という近況報告とか、くだらない話だけして帰っていきましたね。そもそもガーガー言うタイプでもないので。兄なりに気をつかったのかなっていう感じでしたね。

――やさしいですね。ご両親は神野さんがＡＶ女優を引退したことはご存じなんですか。

神野　辞めたことは知ってて、喜んでるんですよ。普通に戻ったみたいな。でも私が神野藍として活動してるのが目に触れると、また「何やってんだ」って話になると思います。そうなったら私も「１人でちゃんと生きてるのに、なんでとやかく言われないといけないんだ」っていう気持ちになるから、いったん放置してます。親を傷つけたとは思うけど、今、私のやりたいことに口出すのは違うと思うし、ずっと顔色伺ってきたんだし、もういいだろうと。たまに友だちの家族とか見て、「ああ、楽しそうだな」とは思いますけどね。

――ずっと顔色を窺ってきたんですね。

神野　いい子ちゃんでいたのもそれが理由です。兄が怒られてるのを見ると、やっぱり叱られたくないし、こうやれば怒らないんだ、機嫌取れるんだみたいに学習して。骨身に染みついていて無自覚だったけど、東京に来て、自分はそんなふうにしてきたんだなあと気がついて。親が悪いというより、そういう価値観と私が合わなかっただけなんですけど。親戚が集まったときに「兄と妹の性別が逆だったらよかった」なんて平気で言うんですよ。「どういうことだよ」と思って。兄にも私にも失礼でしょ。それを悪いとも思ってないんです。論点がずれてて、向き合ったところで解決もしないから放置で。こういうことに気づかない方が幸せだったと思いますけど、気づいちゃったものはしょうがないから。

――気がついた方がよかったと思います。大変でしょうけど。

神野　親と自分は違う水に棲んでいるんです。正直、もう帰る場所ないんだなとは思いますけど。だからずっと恋愛してるんだと思います。新しい家族が欲しくて。

――家庭やお子さんを持ちたいという気持ちはあるんですか。

神野　子どもが欲しいということまでは意識してませんけど、新しい関係を築ける誰かが欲しいから、恋愛にのめり込みがちなんだろうと思います。抜けるのも早いんですけど。

――今、パートナーさんは？

神野　同棲はしてませんけど、相手はいますね。切れずにいます。友だちからもそろそろ一人になったらと言われるんですけど、いた方が安定するので。最近はアプリとかじゃなく、友だちの紹介とか、いろんな人と食事したりする中で知り合うことが多いですね。

――寂しがり屋なのは続いていて？

神野　去年1年、自分を振り返ったエッセイを書き続けて、頭の中でぐちゃぐちゃしてたものがなんとなく落ち着いてきました。最近は以前よりは寂しいとは思わなくなりましたね。自分の内側を言葉にしていくと、こんなもんだなって思えるようになって。いつか親との関係も一個一個思い直すときが来るのかもしれません。

意外だったAV業界の一面　一般企業以上に礼儀が重要

――デビュー前にAVのイメージってあったんですか。

神野　高校の時に男の子たちが見ていて、自分も少しは見たことがあったので、どんなものかは知ってました。でも、業界に入ったらイメージと違う部分が多かった。外から見たらふわふわ～っとしてたけど、中に入ると「こんな役もあるのか、こういうふうにもやらないと……」っていう発見が多くて、ずっと勉強してました。作品研究みたいな感じで。

一本一本の売上で次の仕事が決まることもあって、気は抜けませんでしたね。

――結局、勉強家なんですね。

神野　今まで自分が培ってきたいろんな能力が活かせる場所ではありました。普通の会社以上に礼儀も重要だし、愛嬌も大切だし、時間を守らないと仕事にならないし、次の仕事も来ないので。売上以前に、やるべきことをやるというのが重要なんですよね。それをやり切ったほうが結局、自分のためになるし、やるからにはいい成績を出したいと思って、全力でやってました。

――指定校推薦を受ける時と同じですね。

神野　そうそう、それで気づいたんですよ。生き方って変えられないんだって。180度違う場所に行っても私は私で、やることは違うけど、自分の本質は何も変わらないってことに。AV女優じゃなくてもよかったかもしれないけど、私はAV女優やってそのことに気づけたんです。

――撮影は激務だったみたいですね。

神野　朝8時から夜11時まで。それが5日間続いたときもあって地獄でした。もう途中で意識失ってました。

――学生だから勉強をしながら大変だったのでは？

神野　コロナ禍でほとんどの授業がリモートだったので、正直それに救われた面もありますね。普通に通学していたらこの量の仕事はできなかったし、もっと面倒なことになってただろうなと。

――最高で月200万ぐらい稼いだそうですね。

神野　そうです。でもそんなもんなんですよ。みんなド派手なイメージがあると思うけど、風俗だったらもっと稼げるし、パパ活でそれ以上稼いでる人もいる。朝から長時間の撮影を毎日繰り返して、しかも世の中に自分の裸を晒《さら》して、ようやくその金額ってコスパ悪いですよね。しかも、若くてかわいくてきれいな時期、みんなに求められる時期に稼ぎきらないと、あとは年食ったなって言われて終わりなんで。

――たしかに、厳しいですね。

神野　とくに売れるのは、実年齢ではなく売りの年齢で18～20歳くらい。みんな女子高生が好きなんですよ。だから無理なく制服を着られる人が稼げるみたいな。

――神野さんの作品は、制服ものが多い印象があります。

神野　そうですね。体格が小柄で、顔が童顔であんまりコスプレ感ないっていうのが大事で、条件に当てはまっていたんだと思います。

――確かに違和感ないです。

神野　違和感があると、やっぱりみんな冷めちゃうから。

――一方、男優さんは……。

神野　そうそう、びっくりするんですよね。なんでハゲたおじさんが制服着てんだよ、みたいな。教室にいたら生徒じゃなく先生だろって感じで（笑）。

――男優不足も深刻みたいですからね。

神野　彼らも1日3現場とか回ったりするからすごいですよ。男優さんも大変だろうなと思います。最近は少しずつ、若い男優さんも育ってきているみたいですけど。

後先考えずに飛ばし過ぎたけど、やりきったAV女優人生

――2022年6月にAVからの引退を表明されました。辞めようと思ったきっかけはあったのでしょうか。

神野　一言でいうと飛ばしすぎましたね。2年間、200本の作品に出演して、自分なりに全力で仕事をして燃え尽きたというか。もうちょっと自分のこと大事にしながら働いてもよかったのかな、と今は思います。引退するときに業界歴が長いスタッフから「渡辺ま

おはもっと長く活動できるはずだった。今更言っても仕方ないけど、もっとうまく仕事と付き合えていればね」と言われたんです。本当にそうだなあと思いましたけど、そういうやり方しかできなかったから仕方ないですね。

――2年で200本も出られるってすごいですよね。

神野　ありがたいですね。事務所の方々にもスタッフさんにも本当によくしていただきました。やっぱり1本目、あの炎上騒ぎで売れたことが大きかったと思います。自分が専属（「単体」と呼ばれるメーカー専属のAV女優）が終わったあと、キカタン（「企画単体」と呼ばれる専属契約なしのAV女優）になったときも、一つのネームバリューがあると、「ああ、あのときのあの子ね」みたいな感じで撮ってもらえることが多かったし、リピートも多かったですしね。

――求められる女優さんだったわけですね。

神野　でも、自分のあの頃を振り返ると、そんなにすごく売れたわけでもないんですよ。本数で言えば出てるんですけど、私は一人ですごい数字が取れた方ではないので。ただ、自分の身の置き方というか、戦略の立て方っていろいろあると思っていて、私は共演ものでもすごくちゃんと仕事する方だったと思います。スタッフさんから見るときちっと働いてくれる安心感があったので、そういうところで稼いでましたね。現場を回せるとか、そういうのがうまくいって、この本数になったのかなと思います。

――生徒会や実行委員会やらで培った能力かもしれませんね。

神野　結局、それかも（笑）。なかば投げやりで飛び込んだAV業界でしたけど、生半可な気持ちではできないことがわかって、ある意味覚醒しました。だから全力で取り組んだし、やりたいことは全部やって、次の目標がないくらいまでやりきった感覚です。中途半端に続けずにすんだのは、友だちの存在も大きかったですね。私がAV女優になったあとも、辞めたあとも、何一つ変わらずに付き合ってくれる友だちがいたから、投げやりになっても変な方向には行かなかったし、自分を見失わずにいられたんだなと感謝しています。

――AV女優になりたい、という人がいたら勧めますか。

神野　私自身はAV女優になったことを後悔していませんけど、稼げるからとか、キラキラしたいから、ちやほやされたいからとかの理由でなるなら「やめた方がいいぞ」って思ってます。さっき言ったようにそこまで稼げないし、始めるときはみんないいこと言うけど、実際始めると誰も守ってくれないし、自分でやり抜くしかない仕事だから。辞めるときだって、ただ放り出されるだけで、誰も次のキャリアについて考えてくれない。別に業界に文句を言いたいわけじゃないですよ。そういうことをわかった上でやるならいいけど、華やかさに惹かれてフワッとした気持ちでやるならやめた方がいいよって。経験者からのアドバイスです。

AVに出て自分の人生は終わらなかった むしろ始まったと感じる今

――現在は会社員をしながら文筆活動されているんですね。

神野　知り合いの会社で週5で働いています。在宅勤務が多いんですけど。かつ業務委託で別の仕事もしながら、原稿も書いていてという毎日です。働くのが好きなんですよね。どんな業種であれ頑張ることが好きなんだと思います。

――AV以外のお芝居とかはやらないんですか。

神野　やってみたい気持ちはありますけどね。AVの演技パートはすごく好きでした。のめり込むタイプなので、役に入り込めるんです。

――神野さんの演技、見てみたいです！

神野　ただ、演技はそんなに甘い世界じゃないですよね。私は歌うのも踊るのも苦手なので、表現方法としては書くことが一番向いていると思います。幸い、いろんなところから声もかけてもらって、自分の思うことをコツコツ書いていています。書いていると落ち着くというか、解放されるというか、自分の心にとっていいなあと感じますね。

――人生終わりにしようと思ってＡＶ業界に入ったとおっしゃってましたけど、今振り返ってみてどう感じますか。

神野　苦し紛れというか、そういう心境で入ったんですけど、何というか逆でしたね。想像していたより厳しい世界だったから、自分の中で全てにけじめがついた感じで。ＡＶ女優として頑張った自分を肯定したいし、昔、頑張ってた優等生の自分も否定したくないし。ＡＶに出たからって、今までの自分の人生が終わることはなかったし、むしろ始まったなと思っています。

Chapter 3

新聞記者から華麗なる転身
深窓の令嬢はなぜAV業界に飛び込んだのか？

澁谷果歩《しぶやかほ》

青山学院大学卒業後、新聞社に入社し、数年後に退社してAVデビューした澁谷果歩さん。高学歴の元新聞記者で英検一級、TOEIC満点、そしてKカップの爆乳と抜群の演技力と話題がてんこ盛りだった。のちに東京の一等地生まれで、高校までお嬢様学校に行っていたことも明かされた。

4年後、AV女優を引退してタレント業に転身。現在はコスプレイヤー、ユーチューバー、声優、ゲーム配信実況、通訳、作家など、マルチに活躍している。お嬢様として育てられ、学歴に加えて高い英語力を持ち、多くの人が憧れる新聞記者という職業に就きながらAV業界に入った背景にはどんな理由といきさつがあったのか。誰もが抱く疑問を本人にぶつけてみた。

代々続く医者の家系に生まれ、幼稚園から高校までお嬢様学校に

――小さいときはどういうお子さんでしたか。

澁谷　一人の時間が好きで図書館によく行って本や漫画をずっと読んでいました。人見知りで、家族以外の知らない人はもちろん、友だちとすらしゃべるのが苦手でした。今は切り替えできますけど、今でも自分一人の時間が好きですね。学年で2つ上の兄がいるんですけど、兄はスポーツが大好きで、友だちがいっぱいいて、私とは対照的なタイプでした。

――お父様がリングドクターだそうで。格闘技のリングサイドで待機するお医者様っていうことですよね。

澁谷　そうです。どこまで本当かわかりませんけど、代々続く医者の家系らしいです。家系図が残っていて、それによると安土桃山時代から続いていて父で16代目だそうです。兄は継がないので父までですけど。家紋がミョウガで、薬に使えるからそうなんだとか。

――ということは、かなり裕福なご家庭だったんですね。

澁谷　もちろん上を見たらきりがないんですけど。家には仏壇があるのに、兄と一緒に

ミッション系の幼稚園に通ってました。多分、母親の憧れだったんだと思います。私は幼稚園から高校まで都内の女子校でした。今思うと、そこでちゃんと男子と接してなかったギャップみたいなものが、AVにつながったところもありそうなんですけど。

――なるほど。ちなみに学校名をお聞きしても大丈夫ですか。

澁谷　これまで聞かれなかったから公表はしてないんですけど、麻布にある東洋英和女学院です。DMM系のAVメーカーを牛耳ってるWILLっていう会社のすぐそばです。業界に入ってから、こんな近くにAVの制作会社があったのかとびっくりしました。

――デビュー当時は地方出身にしていましたけど、ご出身は東京なんですよね。

澁谷　生まれたのが千代田区一番町で、そこから目黒区、品川区と移りました。だから学区的にはちょっといい感じのところかもしれませんね。

――お母様は主婦業を？

澁谷　そうです。母は短大を卒業して、少し芸能っぽい仕事もしたけど、子どもが生まれてからは完全に専業主婦になったようです。九州の大分出身で、そういう土地柄もあるのか、「男性が稼いで女性が支える」みたいなゴリゴリの昭和の考え方を持っている人です。私は小さいときから「あなたもお父様みたいな男性を見つけて支えなさい」とよく言われました。「お父様・お母様」って言わせたいタイプの親でしたね。

――ご両親をそう呼んでいたんですね。

澁谷　幼稚園まではすり込まれたままそう呼んでましたけど、同級生から「なんかおかしい」と笑われたので矯正しました。兄のことも「お兄ちゃま」と呼ばされて。多分、母の中でこれがお嬢様のしゃべり方だっていうのがあったんでしょうね。母は方言を出さないようにしていて、「私、よく東京出身と思われるのよね」って自慢してました。ちょっとコンプレックスがあるのかもしれません。

――とはいえ、やっぱりお嬢様として育てられたわけですよね。

澁谷　あとになって、自分なりにいろいろ分析してみたら、両親は過干渉なタイプで、今どきお見合いさせたり、「結婚して子どもを産むのが人としての在り方」という価値観を押しつけてきたり……。それに対する反発でいろいろやっちゃったなと思います。典型的な「遅れてきた反抗期」みたいな人生だなと思って恥ずかしいぐらいですね。

父が間違って買った青年漫画誌で、二次元から性の刺激をもらった

――ちょっと話が戻りますけど、小学生時代もずっと人見知りだったんですか。

澁谷　そうですね。やっぱり本がすごく好きで、毎日休み時間は図書館で本読んでました。

――女子校の生活ってどんな感じですか。

澁谷　小学校のときは本当に、異性を意識する機会、男子と関わる機会はまったくなかったですね。小5ぐらいから同人誌が流行って、BL（ボーイズラブ：男性同士の恋愛もの）の貸し借りが始まって、いわゆる腐女子（BLものを好む女性）って感じで。私が『スラムダンク』好き、『ハンターハンター』好きって言っていたら、友だちが「これ貸してあげる」ってアンソロジーの同人誌が配られて。知らなかった、何この世界？　みたいな。みんなこんなエロいの読んでるんだってびっくりしましたね。

――エロに目覚めたきっかけは？

澁谷　小学校低学年のとき、父親に『週刊少年ジャンプ』を頼んだら、間違えて『ビジネスジャンプ』を買ってきたんです。それで弓月光先生の『甘い生活』とか読んで意識し始めて、少しずつ触ることを覚えたり……。二次元から性の刺激をもらう感じでした。そのうち『少年ジャンプ』にもちょっとエッチな『I"s（アイズ）』とかの作品が出てきて。今でもエッチな漫画は好きです。ゴリゴリのエロ漫画も読みますけど、手塚治虫先生とかもちょっとエッチじゃないですか。グーグルでよく「一般マンガ、エロシーン」とかで検索して。昔読んだエロが今もないかなとか。80年代、90年代、永井豪先生とか……。

英検一級もＴＯＥＩＣ満点も、過去問メインの勉強でクリア

――高校卒業間際に英検一級を取得されたんですよね。英検１級ってどう勉強すれば取れるんですか。

澁谷　やっぱり過去問ですね。

――過去問でいけるもんですか。

澁谷　過去問が一番いいですね。英検１級はまず筆記試験を受けて、合格したら面接があるんです。面接は面接官との相性もあるんですけど、私の場合はノリで何とかなりました。筆記もですけど、面接も過去問ベースの問題集があるのでそれで対策して。ＴＯＥＩＣも過去問メインでやりましたね。いろんな教材見たけど、やっぱり過去問が一番です。

――ＴＯＥＩＣはＡＶデビュー直前に受けたんですよね。

澁谷　撮影は始まっていたけど、まだデビューしてないぐらいの時期に受けました。それが９９０点で。今とちょっと試験形式が違うと思うんですけど。

――９９０点って、満点ですよね。

【澁谷果歩　Profile】
1991年生まれ、東京都出身。青山学院大学を卒業し、東京スポーツ新聞社に入社。記者として活動したのち、2014年11月、アリスJAPANから専属女優としてAVデビュー。Kカップ女優として人気を博した。2018年に引退後は、タレント・文筆家として国内外で活躍中。著書に『AVについて女子が知っておくべきすべてのこと』（サイゾー）がある。

澁谷　そうですね。990点が満点ってすごくわかりにくい（笑）。

――満点をとるような人が現実にいることに驚きました。

澁谷　英検のときは単語をたくさん覚えるのが大変でしたが、TOEFLよりは簡単に感じましたね。TOEFLだと大学で講義を聴いている設定だったりして、聞き慣れない生物とか科学とかの話も出るので、なんかダルッていう感じで（笑）。英検だともっと馴染みのあるEメールとかの設定です。TOEICもビジネス英語なので、短いEメールを読むなどの問題が多いですね。

――簡単じゃないですよね。

澁谷　私は留学経験がないので、インパクトのあるものを持っておかないとダメだなと思って。英語の試験がわからない人でも、英検1級といったらすごいんだなと思ってもらえるし、TOEICも980点だったら、受けたことがない人だとどの程度かわからないけど、〝満点〟ならすぐ伝わりますよね。そういった数字的なものがないとアピールできないなと思ったので頑張りました。「アメリカに3年間住んでました」とかなら、別にテストを受けなくても、一定の英語力という点で信用されると思いますけど……。だから試験は箔を付けるために、って感じですね。

――留学されたんじゃないんですか。

澁谷　留学って感じではなくて、サマースクールみたいなものでした。寮に行くか、ホームステイ先を見つけるかだったんですけど、四六時中他人といるのは苦手なので、寮にこもっちゃって。あまり役に立ちませんでしたね。サマースクールって基本、留学生だけを集めてレッスンするので、現地の人としゃべる機会もなく、お金がかかっただけでした。自分のお金じゃないけど。

――学校では英語の成績はやはりよかったですか。

澁谷　成績がよくなったのは高校からですね。中学まではずっと興味がなくて赤点で。小学校までは授業を聞いていればテストもわりといい点取れたのに、中学から急に「あれっ、勉強しないと取れない」となって。受験がないせいか、ちゃんと勉強するというシステムがなかったので、全然ついていけなくて。内部生で唯一赤点取ったりしてました。

プロレスにハマったのが英語力急上昇のカギだった

――英語の勉強に力を入れ始めたきっかけがプロレスだったとか。

澁谷　トリプルH（米国のプロレスラー、ハンター・ハースト・ヘルムスリー）選手にハマったんです。ちょうど今、スポンサーが変わって新日本プロレスの人気が戻ってきてますけど、当時はスポンサーがいなくなった時期で、代わりに台頭したのがアメリカンプロレスでした。それでトリプルH選手を見て「かっこいいな〜」となって。

――もともとお父様とお兄様の影響で小学校時代から新日本プロレスに興味があって、棚橋選手がお好きだったそうですね。

澁谷　最初はヒーローから入って、獣神サンダー・ライガー選手。そのあと、そうです、棚橋選手でしたね。武藤敬司選手も好きでしたけど、全日（全日本プロレス）行っちゃったから……。プロレスはいろいろな団体を万遍なく見てました。その後、アメリカのWWE（ワールド・レスリング・エンターテインメント）に興味が移って、トリプルH選手が来日したときにトリで見てハマりました。

――それで英語を勉強しようってなるんですか。

澁谷　アメリカンプロレスって、リングでしゃべって、ちょっとしたスキットみたいなことをするんです。ドラマを作るために、この選手とこの選手がケンカになるとか、この選手が女性の誰それと付き合ってて……とか。それで、「ちょっと待ったぁ」みたいに乱入してきたり。WWEはもともとドラマ仕立てで、選手は演技をしていて台本もありますって公言してるんですけど、それでもすごく楽しくて。

――自分も英語を理解して、話したりしたいと思ったわけですね。

澁谷　そうです、最初は単語を覚えることから始めたんですけど、文法がないとブロークンイングリッシュになっちゃうなと。ブロークンでも通じればいいとも思ったんですけど、あんまり片言だと相手に気を遣わせるだろうなと思い直して。日本人でもあまりにも片言の外国人だったら、気をつかったりしますよね。だからちょっと頑張ろうと思って、文法の問題集を中1まで遡って勉強しました。好きにならないとやらないタイプだから、全教科まんべんなくは苦手だけど、興味をもったらやれるんですよね。本当に公立受験には向いていません。

小5からどんどん大きくなった胸
大学時代には巨乳ゆえの悩みも

――大学はなぜ青山学院大学を選んだんですか。

澁谷　帰国子女用と言われている英語だけの入試があるんです。それを受けて文学部の英米文学科に入りました。一応、慶應も受けて補欠合格だったんですけど、試験内容がぜんぜん違っていて、本当に「ザ・受験！」って感じでした。私は英語しか勉強してなかったので、青学のその受験スタイルにちょうどハマったんですね。

――大学のご専攻は？

澁谷　異文化コミュニケーションのゼミに入ってました。

――サークルは入ってましたか。

澁谷　一通り見たんですけど、あまりピンと来なかったので、どこにも入りませんでした。私、まず飲み会が苦手なんですよ。大学のサークルって飲み会から入るじゃないですか。それがもうダメで……。昔から大人数で集まるのが好きじゃないんです。修学旅行とか夏季学校みたいなのも、四六時中、集団行動するというのが無理で、しょっちゅうストレスでお腹こわしてました。友だちが嫌いなわけじゃないんですけど、集団でいると本当に一人の時間が欲しいなと思ってしまって。お酒も全然飲めないんです。すぐに赤くなっちゃって。お酒のよさはいまだにわかりませんね。

――学生時代はアルバイトはされてましたか。

澁谷　家庭教師とか塾講師とかやってました。小学生から高校生まで教えてましたね。

――ということは、男子も？

澁谷　はい、男の子も教えてました。

――澁谷さんが先生だったら、男の子はドキドキして大変でしょうね。

澁谷　実際に言われましたよ。サマータイムとかで、クールビズでジャケット着なくていいときがあって、シャツを着て塾に行ったら、「目のやり場に困る」みたいなことをチーフの男性に言われたんです。別に谷間を見せていたわけじゃないんですよ。普通のシャツを着て、ボタンも上までちゃんと留めてたんですけど。

――胸はいつぐらいから大きくなったんですか。

澁谷　小学校5年生で初めてブラジャーを買って、そこからだんだん大きくなっていきましたね。最初はBぐらいだったんです。でも、「あれ？　留まらないの？」みたいな感じでどんどん大きくなっていって。それからは隠すようにしてました。

グラビアアイドルに応募したのは、胸のコンプレックスを克服するため

――大学時代、河瀬由菜さんというお名前で、着エロ（着衣のエロ）のDVDを出されてますよね。

澁谷　あっ、聞きますか。それ、なかったことになっています。AVの時とは全然違う事務所での仕事だったので、これまで言及されたことありませんでした。事務所がもみ消し

てたのかな（笑）。

――その時のＤＶＤを拝見したんですけど、けっこう露出されていましたね。それこそ乳首が見えるんじゃないかくらい。

澁谷　それなんですよ！　撮影の時、ニコちゃんマークとかのワッペンを貼ってたんですよね。普通に手芸で使うようなワッペンです。でも私、乳輪がちょっと大きいから「これだと隠れません」って言ったんです。でも、「フォトショップで消せるから」って。あとで見たら全然消えてないし、思いっきり出たままだったので、「えーっ」ってなりました。当時はまだ10代だったからショックでした。しかも、事務所の社長にセクハラじゃないけど、ちょっと変なことをされたりして、怖くてすぐ辞めました。大人に騙された感がすごくありましたね。そんな経験はＡＶ時代を含めて最初で最後でした。とくに私は、まだ処女だったのでとにかく怖くて……。

――着エロの撮影時に、処女だったと聞いて衝撃を受けました。そもそも、なぜグラビアアイドルになろうと思われたんですか。

澁谷　当時は胸が大きいことがコンプレックスだったんですね。Ｉカップぐらいになると嫌でも意識するし、からかわれることもふえていました。高校までは、ふざけて触ってくる友だちもいましたけど、女の子同士だから。大学で男性の目に触れると、別に谷間を見せてなくてもいろいろ言われて恥ずかしい思いをしたり、上着を脱ぐことをためらったり……。このまま背中を丸めて生きるのも嫌だから、思い切ってグラビアをやったら武器にできるのかなと思って。このコンプレックスをポジティブに変えられないかなっていうのもあって、グラビアアイドルに応募したんです。

――なるほど……。そんなお気持ちがあったんですね。

初めての彼氏ができて貫通まで5年　東スポに就職して大谷選手も取材

――初めて彼氏さんができたのはいつですか。

澁谷　大学入ってからですね。同級生というか、留学生でした。

――日本人じゃなく？

澁谷　そうですね。でも、女子あるあるだと思いますけど、「入れたら痛い」って聞いていたから怖くて。初めて彼氏ができて、キスをしてから初挿入まで5年くらいかかりました。同じ彼氏じゃないんですけど。

――最初の彼氏さんは挿入してない？

澁谷　してないです。手とか口とか、いわゆるピンサロみたいなことしてごまかしてました。非処女のふりをして処女だった時期がけっこうありますね。18歳で初彼氏で、じつは23歳で初カンツーです。

――社会人になってからだったんですね。

澁谷　大学の頃って、処女とか童貞をバカにする同級生がいるじゃないですか。だから経験者のフリしてました。

――卒業後は東京スポーツ新聞社に就職されたんですね。大学時代には読売新聞でインターンシップをされてたとか。

澁谷　読売は自己紹介で、「自分の記事で社会を変えたいです」みたいなことをガチで言う人が多くて。意識高い系っていうんですか。それを見て、ああ、私には絶対に合わないなと。それで東スポに行きました。

――プロレス好きだから東スポっていうのもあったんですか。

澁谷　それも売りになるかなとは思いましたけど、正直、就職して何をやりたいとか明確な目標はなかったですね。一般企業に就職をしたら、その会社やその業界のことしか見られません。でも、マスコミならいろんな世界を見られるんじゃないかと思って。まずはいろんな業界に触れて、また改めて身の振り方を考えようくらいの気持ちでしたね。

――東スポでの仕事はいかがでしたか。

澁谷　入社して3か月くらいは研修があって、最初は校閲部と整理部というところで内勤していました。そのあとは、記者として千葉ロッテや西武を中心に野球の取材を。記者時代の最後のほうは日本ハムを一部任されていたので、大谷翔平選手の取材もしましたね。

――当時のスポーツ新聞で、おそらく澁谷さんについて書いた記事があったんです。記事によると、大谷翔平選手の隣にピタッと張り付く小柄な美しい女性記者がいたと。ピンクのスポーツウェアに黒のタイツを着用と書いてありました。

澁谷　たぶんそれは沖縄キャンプ中の話ですね。沖縄キャンプは記者もスポーツウェアを着るって聞かされていたので、そんな恰好だったんです。もともと私、女子校でほぼ野球見たこともないので、「ショートってどこ？　何が短いの」って感じで（笑）。私みたいにルールもろくに知らない人間が、「とりあえず揉まれるために野球の取材」みたいな感じで行かされているのが申し訳なくて、すごい罪悪感を持ちながら取材してましたね。

――就職後も実家にお住まいで、社会人になっても門限があったそうですね。

澁谷　兄はわりと自由にやらせてもらってるのに私だけ厳しくされて、男女の差が大きかったですね。家を出たかったけど、実家が都内にあるので「都心だから出る意味ないでしょ。家賃の分貯金すればいいじゃない」って言われてしまって。確かにそうなので、それ以上は何も言えませんでした。でも新聞記者は拘束時間が長くて仕事とプライベートの境が曖昧なので、仕事と言っておけば朝帰りもできて、ようやく少し自由になれて、男性とのお付き合いもできるようになりました。

――出会いはどういうところで？

澁谷　まずは社内から。内勤で研修期間とかもあったので、だんだん知り合う機会がふえて、外に行ったら他社の人とも会いますし……。

――ひょっとして、野球選手も？

澁谷　……ありましたね。でも声をかけてくるのは、2軍以下の選手でしたね。トップ選手はやっぱりそのあたりは気をつけなきゃいけないし……。そうそう、海外の選手にも声かけられたことがあります。通訳の人が「よかったら、このあと3人で食事を……」みたいに間に入ってアテンドしようとしてくるんです。怖いから遠慮しました。

高学歴の女優がふえて自分の中で、AVのハードルが下がってきた

――その頃、AVのハードルが少し下がったというか、イメージが変わったとご著書に書

かれていましたね。

澁谷　東スポの同期に、入社前にAV女優をしていた人がいたんです。私は会社を辞めてAV女優になりましたけど、その逆のパターンですね。彼女は津田塾大学の出身でしたが、同じ時期に慶應出身の元AV女優、鈴木涼美さんも話題になっていました。それを見て、全然普通の子でもなるんだとか、高学歴の人でもなるんだと思って、私の中でAVのイメージがかなり変わりました。

――それまでのイメージは借金返済だとか、お金のためというイメージでしたか。

澁谷　漠然とそういうイメージがありましたけど、それが覆りましたね。慶應とか津田塾卒の方がされているなら、多分お小遣い感覚というか。実際、その同期の子は一人暮らしでしたけど、親御さんが家賃を出してくれていて、ブランド品も持っていて、お金に困ってる様子はなかったんです。金銭的に余裕があって、学歴もあり、将来一般企業への就職を考えている女性がAVに出るんだなって。そういうことは、最近になってより顕著になっている気がします。

――どういうことでしょうか。

澁谷　私が現役の頃に比べると、女優さんの出身地が変わってきた気がするんです。

――出身地……ですか。

澁谷　私が現役の頃って、ほとんどが地方出身で、東京出身の女優さんはほとんどいなかったんです。都内出身だと親にバレやすいから、地方から東京に来てデビューするという流れが多かったんですね。でも、いまは東京出身が増えた気がします。最近、私、『龍が如く』というゲームの最新作のオーディションに受かったんですけど、そのとき、私の引退後の世代の女優さんたちと関わる機会があったんですね。それで出身地の話になったら東京の人が多かった。それだけでなく、いいところのお嬢さんも増えているイメージがありますね。

――実に気になる現象です。東京出身者が増えた原因は何だとお考えですか。

澁谷　スターになる道が開かれている、ということですかね。

――女性が有名になる手段のひとつとしてAVがある、ということですね。親バレや身バレのリスクを背負ってでもAVデビューしようという原動力はなんでしょう。

渋谷　AVデビューをすれば、SNSのフォロワーは一気に増えますから。

――そこを足掛かりに影響力を強めていくわけですね。戦略としてはたしかにありです。ちなみに、澁谷さんはデビュー前にAVを見たことありましたか。

澁谷　ありませんでした。今でもユーザーとしては見ないです。人間同士がしてるのより、漫画の方が好きなので、どうしても二次元で見たくなっちゃうんですよ。

――二次元？　何かおすすめの作品はありますか。

澁谷　私自身は胸が柔らかそうに書かれている作品が好きですね。自分自身、自分の胸が気持ちいいからよく触って、触りながら寝落ちしたりするんですけど、漫画でも指が胸にめり込んでる表現とか、胸をふわふわした感じで描かれるのが好みです。お名前を挙げると、みちきんぐ先生や、だにまる先生がいいですね。『ＣＯＭＩＣ快楽天』（アダルト雑誌）ってわかります？　あれに載っているような作品です。巨乳じゃなくてもいいんですけど、胸が柔らかそうなことが重要。あと胸をちゃんといじってくれることも。ＢＬ（ボーイズラブ）でも、胸は絶対にいじって欲しいんです。たまにあるんですよ、下は触るけど胸は脱がすだけとか。それ見ると「うわーっ、お金を無駄にした！」と思います。乳首だけを触るのもＮＧ！　ちゃんと全体をもみ込まないとダメですね。

――なるほど、こだわりが面白いです（笑）。

ＡＶデビューが親にバレ、「頭がおかしい」と精神科へ

――ＡＶデビューされたあと、プロレスを担当している東スポの先輩記者が、そのことを

元プロレスラーの前田日明さんに話したことから、親バレにつながったそうですね。

澁谷　先輩本人に聞いたわけじゃないんですけど、おそらくは。前田さんと父が知り合いだったので、「娘さん出てるけど大丈夫？　ヤクザに脅されているんじゃないの？」と心配してくれたようです。デビューして4か月後でした。まあいずれ、何らかの形でバレたと思いますけど。

――そのときはお父さんから連絡が来たんですか。

澁谷　仕事中に母から「今日、大事な話がある」とメールが来ました。家に帰ったら仏壇から線香の香りがしていたので、「これはワンチャン、誰かが死んだので呼ばれた可能性があるな」と期待したんですけど、ダメで。「澁谷果歩って知ってる？」って聞かれました。そういえば少し前にも軽くジャブというか、同じことを聞かれていたんですね。でも、その時はまだパッケージしか世に出てなくて、それもパケ写詐欺って言われてもおかしくないくらい補正がかかった写真だったんで、母も似ているだけと思ったらしく、回避できたんです。でも、サンプル動画が出てきたら無理でしたね。しゃべったり動いたりしているのを見られると、やっぱりバレちゃいました。

――マスコミにもかなりお出になってましたもんね。

澁谷　いろんな週刊誌で「元新聞記者デビュー」みたいな感じで、取り上げてもらってましたからね。『FRIDAY』でカラーの袋閉じまでされたのは、まったくの想定外でしたけど（笑）。

――お母さん、怒りましたか。

澁谷　怒るというよりは、ショックだったみたいです。私の頭がおかしくなったと思ったようで精神科に連れて行かれました。父の知り合いのお医者さんで、母は「あの子はおかしくなっているから、先生からやめさせるように言って欲しい」と頼んだようです。でもその先生は「ちょっと2人で話そう」と冷静に受け止めてくれて。「今、お母さんは少しヒステリックになっている。お薬を出すけど、それはお母さんに飲んでもらって。あなたも一緒に住んでるから、影響を受けないように少しだけ飲みましょう」と言われました。両親から過干渉というか、圧迫されて育ってきている印象があるということで、カウンセラーの女性とも話しましたね。

――カウンセリングの効果はありましたか。

澁谷　その1回だけでしたけど、自分の生い立ちとか、人生とか、今やってること、ここに来るきっかけなどについて話したら、「すごく面白い」ってカウンセラーさんが楽しんでくれたんです。それがきっかけになって「自分の人生をオープンにした方が、これからの仕事にはいいのかな」と思えるようになりました。それまでは「自分の経歴そのままだと売れない」と思い込んでいたところがあったんです。基本、嘘の経歴で出るのがＡＶ女優だと思っていたけど、これからは逆に自分自身を出して頑張ろうって。親がＡＶを辞めさせるために連れて行った精神科で、逆にやる気が湧いたというか（笑）。そんなわけで、全部バレたおかげで、家を出て１人暮らしを始めました。

価値観が違い過ぎる両親とは、自分の心を守るために絶縁

――Ｋカップ女優として数多くの作品に出演され、大活躍されました。しかし、デビューから４年後に引退されます。なぜ辞めようと思ったのですか。

澁谷　私はいろいろなことをやりたいと思っていたので、出演するメーカーも作品の内容も、すべて事務所に任せていました。でも、続けているうちにだんだん似たような内容が増えてきて、自分の中でマンネリ化してきたんですね。それだったら、もっと他に面白いことをした方がいいのかも、と思って引退を決めました。引退することを伝えたら、両親はめちゃくちゃ喜びましたね。

――今、ご両親とは？

澁谷　いっさい連絡とってないです。私の中で絶縁しています。

——引退するときには喜んでいらっしゃったのに、なぜ？

澁谷　引退する前後はまだ連絡をとっていたんです。でも、大人になっても過干渉は変わらなくて、そろそろ引退すると言ったら、医学部の編入試験を受けろって言われたんです。これから引退を発表して、3か月くらい撮り溜めしなきゃいけない超忙しい時期に……。でも、私も引退後の生活が不安だったので、やっておいた方がいいのかなという気になって、参考書を撮影現場に持ち込んで受験勉強を始めました。

——頑張りましたね。

澁谷　結果は補欠合格でした。補欠まで行ったから満足をしたというか、頑張ってここまでできたわけなんだから、引退後も自分の好きなことでやっていけるかもと自信にはなりましたね。ここでもまた、親が澁谷果歩を辞めさせるためにしたことが、私を後押ししたわけです。親から見ると、すべて裏目に出たかたちですね（笑）。

——その後、絶縁したくなることがあったんですか。

澁谷　親に対して疑問に思っていることが積み重なった結果ですね。過去の話ですけど、初めて痴漢に遭ったとき、母に相談したんですよ。その痴漢のことを怒ったり、怖い思いをした私に同情してくれるのかと思ったら、「私も小さい頃、よく痴漢に遭った」みたいなんですよね。私が英語を話すようになったら、「外交官と結婚して欲しいわ。外国の人もいいわね。ハーフの子が生まれるから」とか、そういうことを平気で言うんです。外面はいいけど、家庭内では人に対して上から目線だったり、ちょっと尊敬できないなと思うことが多くて。

な感じでマウントを取られたんです。私の性被害を矮小化された感じがして、悲しかった

――家族っていろいろありますね……。

澁谷　そのうちに、もうこの人たちと関わるのはやめようと思う出来事がありました。インタビューで、初めて胸を触られた経験について聞かれたことがあって、私の場合は兄なんですよ。私が小5で兄が中1の頃、その年齢としてはおかしいんですけど、くすぐり合いっこみたいなのをしていたら、兄の手が脇から胸の方に移動して……。そのことについて話をしたらウィキペディアに載ったらしく、それを兄が見つけて「嘘だから消させてくれ」と親に迫ったらしいんです。

――ご両親はお兄さんの言うことを信じたんですね。

澁谷　私のことを嘘つき呼ばわりしました。ウィキペディアは誰でも消せるんですが、私に消せと要求してきて。私より兄の方が大切なのはいいし、私はＡＶデビューして、どちらかというと家族の恥なのもわかるけど、一方的に兄だけ信じるのはどうなのかと。覚え

ていることを話したら、本当かもと思い始めたようで、今度は「ふざけただけでしょ。子どものやったことだし、そんなことでギャーギャー言って」と責任転嫁されました。それで、もうこの人たちと関わらない方がいいと思ったんです。

――お兄さんとも？

澁谷　まったく連絡とっていません。AVがバレて以来、兄から連絡が来ることもないし、私も家族の連絡先はみんな消しました。何回か話し合おうとしたんですけど、全部ごまかされるんですよ。AVがバレたあと、親からは「海外で仕事すれば」と言われました。私が日本で澁谷果歩として活動して、親戚とか知り合いから何か言われるのが嫌だから、目の前から消えて欲しかったんでしょうね。気持ちはわかるけど、それだと私の心が死んでしまうから……心の健康のためには一緒にいない方がいいなって。最近よくいわれる毒親とは違いますけど、価値観が違い過ぎるのでお互い会わないほうがいいんだと思います。

アメリカなどでマルチに活躍中 日本への逆輸入を狙う戦略

――今の澁谷さんのお仕事の中心は？

澁谷　今はいろんなものに手を出していて、最近は海外のアニメイベントでサイン会とかトークショーをやっています。

――海外でも人気なんですね。国で言うと、どのあたりが多いですか。

澁谷　多いのはアメリカですね。AV女優が人気なのは、圧倒的に台湾や中国本土などのアジア系ですけど、私は最初からアメリカに絞ってました。アメリカだとアニメ系のイベントが大きいのと、元AV女優というところだけでなく、いろんな要素にフォーカスしてもらえるのが理由です。引退後は18禁以外の仕事をやっていかないと、と思ったので。

――コスプレイヤーとしてもご活躍ですね。

澁谷　コスプレから始めて、私の好きなアニメとか漫画にもつながっていき、ポッドキャストに出たり、ゲーム実況をしたり……。ゲーム実況の配信はコロナ禍にイベントに行けなくなってから始めたんですけど、今ではゲームの仕事につながって、格ゲー（対戦型格闘ゲーム）キャラのオフィシャルなコスプレの話も来たりしています。海外ではAV以外の部分も、日本人というだけでいろんな話題を振ってもらえます。私の中の戦略としては、海外で活動し、逆輸入で日本でも幅広い仕事ができるようになっていけばと。日本でも『AVについて女子が知っておくべきすべてのこと』（サイゾー）という本を出させていただいて、今は新しい本に取りかかっています。

――どんなテーマの本ですか。

澁谷　英語の勉強について、エロい単語とかエロの視点から書く本です。例えば、英語には現在形とか現在進行形とかありますよね。文法で一番つまんないところです。I go to schoolとか日常のことを言うのは現在形で、現在進行形は今まさにやっていること。コンドームをつけたときI use condomと言ったら普段からコンドームつけてますってことなんですよ。I am using condomと現在進行形なら今つけてるってこと。今日使うけど、明日は安全日だったら使わないかもしれない。だから、現在形でコンドームを使ってますという人は信用できるいい人ですとか、そんな話を書いています。あと、コンドームのことを日本でもゴム、スキンとか、たまにルフィと呼んだりするけど、英語のスラングではこう言うよとか、そんな知識からいろいろ展開しています。

――思春期の若者が読んだら学力がぐんぐん上がりそうです。今後の野望というか、執筆以外でやってみたいことはありますか。

澁谷　じつは私、けっこう演技が好きだったんです。基本はオッパイの人だったので、そんなフィーチャーされることはなかったですけど……。最近は声優の仕事もやっていますが、顔を出す演技の仕事もまたやりたいですね。

――でも、あまり三次元は見ないんですよね。

澁谷　見ないけど演じるのは好きなんです。AVのときも役柄がある方が好きで、「今回どんな感じで？」と監督に聞いて、「澁谷さんらしく」って言われるのが一番苦手でした。キャラ設定がある方が入り込めるんです。一番好きだったのは、事情があってデリヘルを始めた女性がお客さんのところに行くと、相手が知り合いだったパターン。これ、けっこう興奮します。2回あったんですよ。1回目は保母さんで、給料が足りないからデリヘル始めたら、「あれ？　タケシくんのパパ？」みたいな。もう1回は昔一緒に働いてた会社の同僚で、じつはお互いちょっと好きだったという設定。そんなときはノリノリで、勝手にアドリブを盛り込んだりしてました。

――私最近、90年代のAVのドラマパートだけ見てるんです。めちゃくちゃよくて感動してます。この作品はこんなストーリーだったのか……みたいな発見もあって。今まで澁谷さんの絡みしか見てこなかった人も、きっと将来はドラマパートで感動すると思います。

澁谷　私、普段あんまりエゴサしないんですけど、「澁谷果歩にアカデミー賞あげたい」と書いてくれてる人がいて、うれしくて「いいね」しちゃいました。アドリブが効く演技はまたやりたいですね。どんな活動をするにしても、澁谷果歩という名前のまま、元AV女優という肩書きでいろんなことに挑戦しようと決めています。微力ながら、それが少しでもAV女優のセカンドキャリアの幅を広げることに貢献できたらうれしいですね。

Chapter 4

横浜国立大学卒業後、はっちゃけたくて業界に真面目な優等生が人気ＡＶ男優になるまで

黒《くろ》田《だ》悠《ゆう》斗《と》

ここで「番外編」として難関大学出身者のＡＶ男優にもご登場いただこう。

横浜国立大学卒業後、ＡＶ業界に飛び込んだ黒田悠斗さん。ほとんどＡＶを見たことがなかったが、たまたま雑誌で読んだ撮影現場ルポでＡＶ業界のハチャメチャさを知り、業界に惹かれＡＶ男優を目指したという。下積みを経ず異例ともいえる早さで男優の世界を上り詰め、肉体派ＡＶ男優のトップになると同時に、監督業もこなしている。

一般企業への就職は考えなかったのか、ＡＶ業界のどこに魅力を感じたのか、男優を続けるために努力していること、業界で感じている時代の変化など、男性だからこそ聞いてみたい裏話も含めて、気になるあれこれを伺ってみた。

MAKE A
MONEY

九州の厳格な家に生まれ育ち、家を出るために遠くの大学を志望

――幼少の頃はどんなお子さんでしたか。ご家族についてもお聞かせください。

黒田　男尊女卑が根強い九州の長崎生まれで、異常なくらい亭主関白な家庭で育ちました。父親は熱心な浄土真宗の信奉者で、小さい頃から「清く正しく生きる」を叩き込まれました。朝6時に起きて経文を写経、夜は浄土真宗の信奉者の大人たちに混じって読経する生活で、休みの日なんかも遊園地とかには連れて行ってもらってないんですよ。長崎の山奥にあるいくつかの寺を巡って、その寺々で読経して回るみたいな休日だったから、休日のレジャーなんかはまるでなかったですね。中学生頃まではそれが普通だと思ってたんですけど、高校入って周りの友達の話を聞いてたら、徐々に「うちの家はちょっと異常なんじゃないか」と思うようになりました。

――ごきょうだいはいらっしゃったんですか。

黒田　妹が2人いますね。妹たちも同じような感じで教育を受けていたんですけど、読経とか写経させせられてたのは僕だけです。長男の僕に、自分が主催してる読経会の跡を継い

で欲しかったんでしょうね。

――お父様は厳しかったのでしょうか。

黒田　父親に背くようなことを少しでもしたら、分厚い平手で叩かれてましたね。子どもの頃から、なにか曲がったことをしたらビンタ、口の利き方が悪かったらビンタで。高校に入ったくらいから父親の元にいるのがめちゃくちゃ窮屈に感じてきて、「1日でも早くこんな家を出たい」って思うようになりました。

――小さい頃はどんなお子さんでしたか。いまの黒田さんから想像すると、アクティブな少年をイメージしますが……。

黒田　全然。教室の端っこにいる、カビみたいな人間で。高3までずっとそうでした。小学生の頃からずっと勉強、勉強、勉強。高校生になった頃、良い大学に入って九州から出たい、九州というか長崎の地から出たいって気持ちが生まれてきて。なのでグレることもぜんぜんなかったし、反抗期も特になかったですね。グレる暇あったら勉強してたい。

――塾に通ってらっしゃったんですか。

黒田　塾には通ってました。小学校4年生ぐらいから。

――成績もよかったんでしょうか。

黒田　中学校時代はかなり成績よくて高校も進学校だったし、高3の時も特級クラスで、周りは頭がいいやつばかりでした。

――良い大学に進学するのは、ご両親の希望でしたか。

黒田　それはまったくないです。成績は悪いよりも良い方がいいし、テストで他人に勝つって気持ちいいじゃないですか。だから親のためというよりも自分がやりたくてやってました。ただ、地元の長崎大学だけは絶対行きたくなかった。長崎大学だと家から通わないといけないから。福岡にある九州大学か、東京の大学のどちらか行きたいと思ってましたね。そしたら、あの窮屈な家を出れるから。

――中学、高校では部活とかされてたんですか。

黒田　中学の時は帰宅部で、高校は山岳部。特にきっかけはなくて、山岳部の人に誘われたから入っただけで。僕、中学の時はものすごく太ってて、オタクみたいなビン底メガネかけてたんですよ。

――今の筋骨隆々の姿からは、まったく想像できないです。

黒田　高校入ったらモテたいからダイエットしました。朝、学校行く前に8キロ、夕方部活で8キロ、夜も8キロ走る生活にして。そしたらみるみる痩せてきました。でも、痩せたからといってモテなかったですね。コミュ障すぎて。高校のときは、たぶん3年間で女子生徒とは4言ぐらいしかしゃべってないと思います。

初めて父が小さく感じた時、今は親のありがたみがわかる

――横浜国立大学を選ばれた理由は？

黒田　センター試験のボーダーラインを30点以上うわまわってたから、絶対落ちることないよなと思って。一橋大とか東大を受けるほどの頭脳は持ってないだろうし、ちょうどお手頃だったんです、横国は。冒険より安心をとりました。

――現役でストレートで？

黒田　いや、一浪を経てますね。高3のとき九州大学の法学部受けたんですけど落ちちゃって。僕が受験を失敗した年は、北九州予備校っていうローカル予備校が長崎に初めて進出してきた年だったから、無料で入れてもらえたんです。予備校からすれば実績残した方がいいから、入学テストの点数が良かった生徒を特待生みたいな感じでタダで入れてくれるんですよ。

――浪人生活はどんな感じだったんですか。

黒田　予備校内で誰とも一言もしゃべらなかったです。ひとり黙々と朝から晩まで勉強し

てました。家族に対しても肩身狭いですからね。何の肩書きもないじゃないですか、予備校生って。学費はかかってないけど、飯は食うから。とりあえず無駄なお金はかけないようにしようと、勉強だけの簡素な生活を送ってました。

――本当に真面目ですね。

黒田　家庭環境のせいですね。うちの両親と祖母は尊敬をおぼえるくらいケチな人間で。その後ろ姿見てたら無駄な金を使おうと思わないですよね。周りの予備校生たちはみんなパチンコとかしてましたけど、僕は一切やろうと思わなかったです。親の影響ですね、多分。無駄なお金は使いたくないし、浪人で1年間を無駄にしたからには元は取りたいんで、良い大学入るためにひたすら勉強するっていう。

――今もそういう金銭感覚があるんですか。

黒田　そうですね、金使わない方だと思いますよ。キャバクラとかもまったく行かないし、無駄な金を使うのは好きじゃない。僕は男優の中でも特にケチな方ですね。車も中古の国産車だし、ブランド品なんか一切持ってません。あの家に育ったらそうなりますよね。今日つけてるこのブレスレット、これなんか18歳の時のお年玉で買ったやつで、30年間これだけ使ってます。ひとつしか持ってません。

――物持ちがいいです。話は変わりますが18歳の頃、お父様とケンカをされたそうですね。

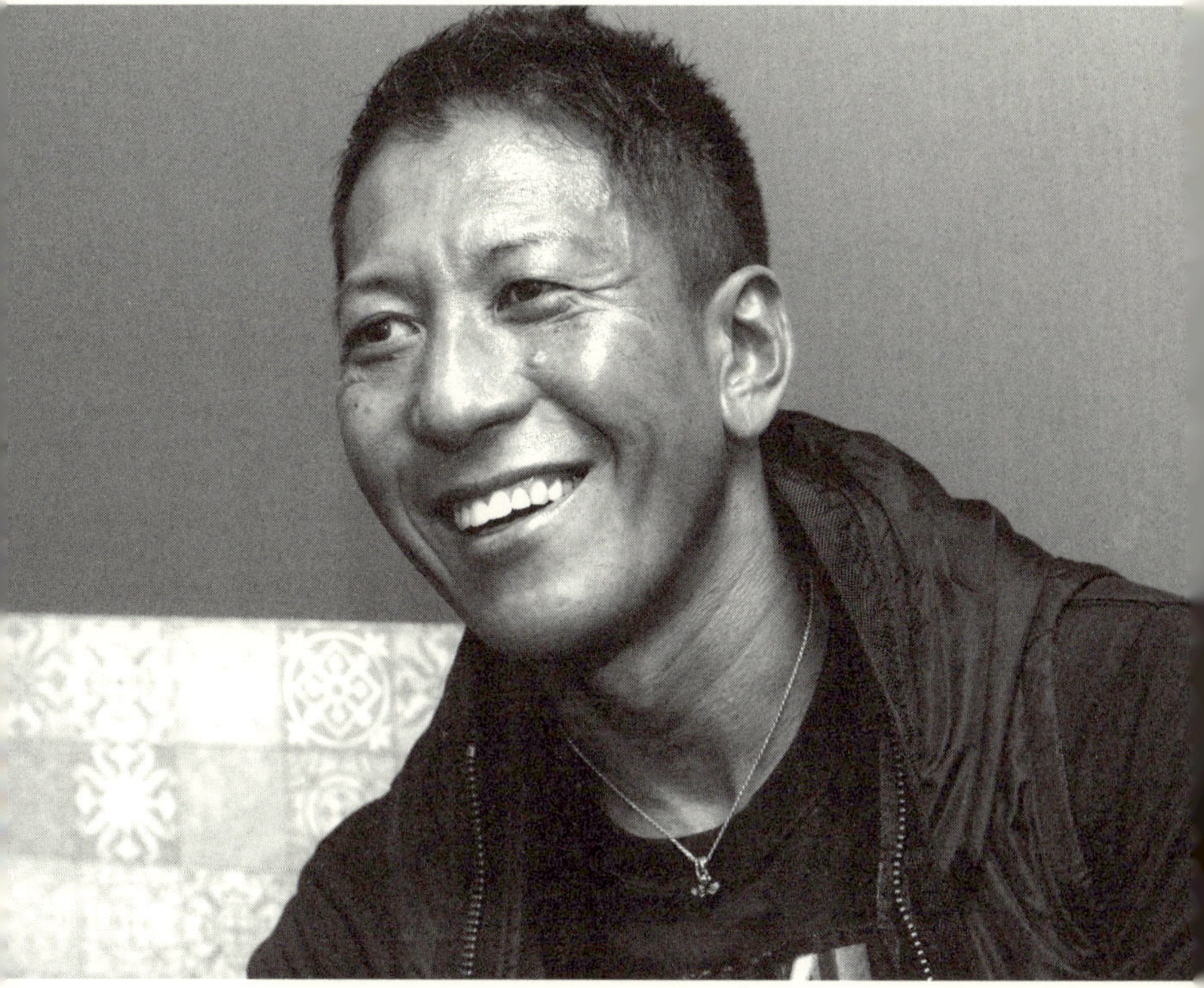

【黒田悠斗　Profile】
1975 年生まれ、長崎県出身。横浜国立大学を卒業後、一般企業の内定を蹴って AV 男優になる。それまで自身では AV をほとんどみたことがなかったが、デビュー作から絡みを担当。以後、数々の作品に出演し、肉体派男優としてトップに上り詰めた。2001 年からは AV 監督としても活躍。X（旧 twitter）では、興味深い「AV 業界あるある」が日々つぶやかれているので必見。

黒田　ある日のケンカで父が母をグーでぶん殴ったんですよ。平手で打つのは普段からよく見てたんですけど、グーで殴るのはさすがに許せなくて。それまで父に刃向かったことは一度もなかったですけど、咄嗟につかみかかっていって、持ち上げて投げ捨てたら父が不様に倒れちゃって。その騒動以来、父が小さく見えましたね。子どもの頃から一方的に怖いと思ってた父親への恐怖心が一気に消えて、呪縛が解けた感じでした。

――それ以降、お父さんの対応も変わりましたか。

黒田　そうですね。それまでは、絶対に逆らえない家来みたいな感じでしたけど、同じ目線の高さでしゃべれるようになりました。でも、当時は父親に対して負の感情しかなかったですけど、今は逆にめちゃくちゃ尊敬してます。大好きです。大学の学費も出してくれたし、生活費も送ってくれてたから、4年間それをやり遂げたのは、男としてすごいなと思って。自分が今、子どもを育ててるから大変さがやっとわかりました。あの頃はすごく嫌いでしたけど、今は本当に尊敬してて頭が上がらないですね。家庭持ってからやっと気づきました。仕送りもらってる大学生時代は、ありがたみがまったくわかってなかった。あの頃の自分、ホントにバカだったなぁと思います。うちの親父はほんとすごいです。

――お子さんはおいくつなんですか。

黒田　子どもに迷惑かけるとアレだからあんまり詳しくは話せないですけど、子どもは3

人いて、みんな高校生以上です。中には成人したのもいます。3人とも私立に行かせたから、授業料に設備費、教材費でお金がバンバン飛んでいって、ここ10年はほんとゲロ吐きそうでした。子どもを育てる大変さがすごくわかった。この先まだまだお金がかかりそうだから、無駄なお金を使っている場合じゃないんですよね。あの家庭に育ったの本当に嫌だなって思って生きてたんですけど、今となっては逆によかったんじゃないかって年々感じてきてて。親ガチャ成功だったなって。でも子どもの時はつらかった。はしゃげないですから。はしゃいだり浮ついてる空気出してたら親父の機嫌が悪くなるし。親父が怖くてキャッキャできなかったですね。清く正しく、静かにしてないといけないんで。

大学ではボランティアサークルに初体験の感動をノートに書き殴った

――大学ではサークルに入られたんですか。

黒田　ボランティアサークルに入って、それ系のサークルを4つ掛け持ちしてました。障がい者の方の運動サポートとか、レクリエーションの手伝いをやるサークルです。

――障がい者の方に対して、特別な意識があったんですか。

黒田　いや、そういうわけでもないんです。最初の新歓コンパでしゃべった女の子が、教育学部の養護学科の子だったんですが、すごく可愛くて。その子が入ってるサークルだったので、彼女に気に入られたくて流れで入った感じです。

――初めて女子とお付き合いされたのは？

黒田　2個上の同じサークルの先輩で、僕が1年生の時の3年生だった人。それで20歳で初体験ですね。めちゃめちゃタイプで、心がピュアな天使みたいな人でした。こんなきれいな心を持ってる人、他にいないなってくらい。その頃はそういう人が好きだったんで。今は女性の好みが真逆になっちゃって、悪魔みたいな女の子が好きなんですけど。

――悪魔みたいな女性……。

黒田　変わりますよね、女性の好みって。その女の人はもともと、僕の1代上の2年生の先輩と付き合ってたんですけど、その先輩のところに彼女さんと別れてくださいって直談判しに行って。揉めて揉めて大変でした。でも僕、どうしても彼女と付き合いたかったんで。それで、彼女に告白したらOKもらえました。

――その先輩は納得したんですか。

黒田　納得はしないでしょ（笑）。めちゃくちゃ怒ってました。同じサークルの先輩だから、そのあと彼と顔会わすの気まずかった……。その天使みたいな人とは3か月くらい付き合って結局フラれちゃいましたね。彼女が同じサークル内の4年生の人を好きになったと突然言い始めて。

――その方と初体験をされたんですね。思いをとげられてみて、いかがでしたか。

黒田　衝撃的でした。うまく言葉にできないけど、喜びが爆発して、心が満たされる感じ。初体験を済ませてすぐコンビニに走ってノートを一冊買いました。この感動は文字に書いて形にして残しておかないと忘れちゃうなと思って。初体験を終えての感動や、セックス中に心がどう動いたかということを夢中でノートに書き殴りました。そのノートはガムテープでぐるぐる巻きにした状態で今も保存してあります。内容ですか？　何を書いたのか、まったく覚えてないですね。たぶんしょうもないことが書いてあるだろうから、二度と開くことないと思います（笑）。ジジイになって死ぬ直前くらいに、封印ほどいて読もうかなってうっすら考えてはいますけど。

――当時の大学のサークルの方とか、今も交流ありますか。

黒田　あります。ちょうどあさって会いますね。めっちゃ面白いんですよ。同じボランティアサークルに入っていた3人の男友達。AV業界も面白い人たくさんいるけど、そいつらと遊んでるのが一番面白い。とち狂ったヤツらです。

内定をもらうも会社員になる自信がなく、現場ルポの面白さに惹かれてAV業界へ

――AV業界に入ったきっかけを教えてください。

黒田　『別冊宝島』という雑誌を読んでいたら、AVの撮影現場レポートが載っていたんです。それがとんでもなくクレイジーで、自分も男優になってその現場を直接見てみたいと思ったんです。それで『ビデオボーイ』（英知出版から出ていたAV情報誌）って雑誌を買って調べたら、巻末の方にAVメーカーの連絡先が37社載っていたんですよ。片っ端から連絡したら8社から返事が来たんです。

――それまでAVは見てましたか。

黒田　ほとんど見てないですね。ほんと1、2本くらいです。AV業界に入ったのも女優さんに会いたいとかでもなくて、AV業界自体に興味が湧いたのが理由だったんで。

――37社に宣材写真とか送られたんですか。

黒田　そうです。とびきりふざけたやつを。サークルの先輩に手伝ってもらって撮って。インパクトがあればパッと手に取ってもらえると思って、滅茶苦茶ふざけた写真を撮りま

くって、履歴書といっしょに送りました。

――すごい行動力ですね。それは大学4年の時ですか。

黒田　大学4年の卒業間近です。どう考えても自分が一般社会で生きていける気がしなかったんですよね。社会不適合者だと自分で認識してたから、会社に入っても、きっとやめちゃうよなって。一応、企業から内定はもらってたんですけど。

――就職活動はされたんですね。

黒田　一応やりました。ボランティア活動を熱心にやりすぎたせいで授業もまともに受けてなくて、大学の成績がそんな良くなかったんですけど、ブランド志向だけは強いから電通、博報堂、キリン……有名企業をいろいろ受けて、軒並み落ちました。ＩＴ系の会社で受かったとこあったんだけど、そこ行っても多分うまくいかないよなって。それなら興味ある世界に行った方がいいと思ったんです。

――社会不適合って思われたのは、どういう点ですか。

黒田　遅刻癖あるし、気が散漫だし、集中力がない。一代上の就職済の先輩たちと飲んだ時、会社員生活の話をじっくり聞かせてもらったんですけど、それ聞いて全然面白いと思えなかった。自分じゃたぶん通用しないな、入ってもすぐやめるの目に見えてるなって。興味あることにしか力を発揮できないんですよね、自分。さっき言った『別冊宝島』の現場ルポが本当にめちゃくちゃだったんですよ。ＡＶ業界の底辺現場のレポートで。脱糞、放尿、マゾ男への流血プレイ……初めて見る光景ばかりでゾクゾクしました。

――読んで面白かったから行こうって思うのがすごいですね。

黒田　そうですかね。楽しさを見いだせない会社を受けて、そこに入るほうがすごいと思いますけど。

――横浜国立大のブランドがあるじゃないですか。そのことに執着はなかったんですか。

黒田　それはどうでもいいですよね。ただ業界に入るときには肩書き使いやすかったから、最初の頃は「横浜国立大出身」を謳ってました。現場で使ってもらうためのフックにはなるから。大学卒業してよかったのは、フックとして使えたことだけですね。

――お父様に押さえつけられてきたっていう反動もあったんですか。

黒田　そうそう。絶対そうですよね。はっちゃけたかった。ずっと窮屈だったから、とりあえずはっちゃけたかったんですね。

――男優さんになろうというくらいですから、大学時代はかなり遊んでいたんですね。

黒田　そんなことないです。大学時代は経験人数４人だけ。ＡＶの世界にはセックスのこと何もわからず入ったんで。潮吹きという言葉すら知らなかった。ＡＶも見てないしね。体位も正常位、騎乗位、バックの３つしか知らなかったし。

――それでAV男優になろうと思うのはすごいです。そもそもAV男優ってどうやってなるんでしょうか。応募したら、すぐ現場に来てくれみたいな話に？

黒田　はい。声掛けてくれた8社の現場で、AD業務でも何でもやるからまたもう1回呼んでくれって頼み込んだんです。スタッフたちといっしょに朝8時からスタジオ入りして、荷物運び込んだり、機材搬入を率先して手伝って。AD的な業務もやってたから気に入ってくれて繰り返し使ってくれたんじゃないですかね。自分の出番が終わっても最後まで居残って、現場でいろいろ気づいたことを手帳にメモったりして。「こいつ、真面目なんだな」っていうので監督たちから可愛がってもらえたんだと思います。

――大学を3月に卒業されて、そのまま6月にデビューですよね。

黒田　その3か月で体を作りましたね。10キロくらい筋肉を増やして。

――それはどうやって？

黒田　ジムに週5で通って、めちゃくちゃ筋トレやりまくったら10キロ増えたんです。AVは見たことなかったけど、男優ってなんとなくガタイがいい人ばかりなのかなって、漠然としたイメージで。なので身体を作りました。やっておいてよかったですね。実際、現場に出てみたらマッチョはそんなにいなかった。まわり見てもおじさん体型ばかりだから、この体型で逆に目立てたんだと思います。デビュー当時は金髪マッチョでギラギラしたルックスだったんですけど、そういうのが業界にあまりいなかったから、異質なものとして声掛けてもらえたんだと思います。全部運がよかったんですよね。そういうポジションの人が他にもいたら、多分そこまで呼んでもらえなかったでしょう。特にずば抜けたルックスの顔面でもないし、ましてセックスの経験もそんなになかったから。人との出会いもよかったし、生き残れたのはほんと運の力だけですね。

――黒田さんは最初から絡み男優としてデビューされたそうですね。

黒田　AV男優ってのは通例で、汁男優、フェラ男優、絡み男優と出世魚みたいに上がっていく流れなんですけど、最初から「絡みをやらせてくれ」っていうスタンスでしたね。いきなり絡み男優ができたのは見た目もあったと思います。僕はセックス経験が全然なかったですけど、できそうな雰囲気だけは醸し出していたから。まあ虚勢でも張ってないと使われないじゃないですか。運だけですね、ほんと。ぶっかけとかをやる汁男優のことは業界に入ってから知ったんですけど、そういう仕事のオファーは来ても全部断ってました。それをやっちゃったら上に登ってくのに時間がかかると思ったんで。絡み男優でスタートしたんだから、そのまままっすぐ行った方が駆け上がるの早そうだなって。一種の戦略ですね。そういう作戦めいたのを考えるのが好きなんですよね。

――最初の現場は楽しかったですか。

黒田　めちゃくちゃ楽しかったです。監督の自宅を使っての撮影で。女優さんと監督がハメ撮りするんですけど、2階では監督の奥さんが編集機の前でずっと編集作業してるんですよ。監督に「奥さんが編集してるんですね」って言ったら、「今、離婚調停中だから1本やるごとに5000円でバイトで編集やらせてんだ」って。下で旦那と女がアンアン言ってるのに、上の階では奥さんがAVの編集してて、小さな子どもも同じ場にいて。監督から「お前ちょっと子どもと遊んでろ」って言われて、なぜか僕が子どもと積み木で遊ぶことになって。この世界、無茶苦茶で面白いなって。

――その最初の現場見て、この業界でやっていこうと思われたんですね。

黒田　そうそう、もっとこんな経験したいなと思って。この業界、昔はそういう人ばかりだったんですよ。クレイジーな人ばっかり。世間からつまはじきにされたような人たちの集まりだったから、毎日が面白かった。現場でも殴り合いのケンカなんかがしょっちゅうあって、スリリングで。今はもうそういうのがなくて、いかにトラブルなく撮影するかっていう感じだから面白みはあんまりないですね。当時はトラブルだらけだったから。

――本当にケンカになっちゃうんですか。

黒田　男優同士のケンカもあったし、演技ができないという理由で監督が男優を殴ったり……。事務所の人たちも昔は危ない人たちばっかりでしたしね。男優が呼び出されて何百万も取られたりとか。頭から灯油かけられて脅されちゃって。

――命がけですね。初仕事のギャラは1万円だったそうですけど、当時の相場ですか。

黒田　そうですね。1万円とか5000円とか、最低だと3000円もありましたね。絡みまでやって5000円って約束で現場に呼ばれたんだけど、監督から千円札を3枚投げつけられて「君にはこれくらいしか価値ないね」って。帰りの電車でちょっと泣いちゃいました。うまくできなかった自分が悔しくて、あまりの不甲斐なさに泣いたんですけど。

――ひどいですね。

黒田　それが逆に「やってやるぞ」みたいな原動力になったから、悪い経験ではなかったと思います。そもそも失敗した自分が悪いしね。

――それにしても、もっともらってもいいような気がします。

黒田　当時はそんなもんですよ。3000円はギャラからペナルティー分を引かれた額ってことだから特例ですけど、その人、もともとケチなんですよ。普通だったら1万円はくれるところなのに、お試し期間だからなんて言って5000円に値切ってきたり。業界では金にうるさくて有名で、かなり貯め込んで業界を辞めましたね。

――その方とは、ギャラ3000円以降もつながりがあったんですね。

黒田　仕事の付き合いはそんなになかったかな。僕のギャラがどんどん上がったこともあって呼んでくれなくなって。でも、ベテラン男優になってから何年かぶりに使ってくれたんです。そうしたら、昔はすごく怖かったのに、ずいぶん丸くなっててビックリしましたね。最後の方は関係性も悪くなくて、現場で顔を合わせればニコニコしゃべりかけてくるようになっていました。いま、どうしてるんだろう。あぁ、懐かしい。その監督と久しぶりに会いたいなぁ。

師匠は伝説のライター、父親のようにいろんなことを教えてくれた

――ライターの奥出哲雄さんが黒田さんの師匠だそうですね。

黒田　そう。可愛がってもらいました。奥出さん、面白い人だったな。コアマガジンに繋いでくれてコラムを書かせてくれたりとか。監督やった方がいいって助言くれて、奥出さんプロデュースで作品を撮らせてくれたりもしました。すごくお世話になりましたね。あの人、いろんな人に借金したり騙したりで金銭トラブルをよく起こしてたけど、僕にだけはそれをしなかったんですよねぇ。

――知らない読者もいるかもしれないので説明すると、奥出さんはＡＶ批評というジャン

ルを切り開いた伝説的なライターですよね。『オレンジ通信』や『ビデオ・ザ・ワールド』などの専門誌で活躍されて、AVのプロデューサー、監督としても活動されていましたが、事業に失敗して借金を抱え、蒸発したと聞きました。

黒田　業界にはまだいますけどね。かなり端っこの辺りに息をひそめて。いま、もっか潜伏中ですから（笑）。奥出さんは話が長いんだけど、聴き心地がよくて、ずっと聞いていられるんですよね。僕は実の父親とは仲よくできなかったんで、なんとなく父親代わりみたいな感じでした。僕の話もすごく聞いてくれるし、いろいろと撮影のことや女性との向き合い方を教えてくれて。なんか擬似親子関係みたいな感覚で、ほんと大好きでした。業界入りしたてで不安だった僕の心の隙間を埋めてくれた人です。

――思い出がいっぱいあると思いますけど、何かエピソードはありますか。できれば載せられる範囲のもので……。

黒田　載せられる範囲でって言われて思い浮かぶのは、あれかな……。奥出さん、クンニが三度の飯より好きなんですね。奥出さん本人が監督兼男優をする撮影の時、僕も現場にいたことがあったんです。奥出さんが女優さんと部屋に一度こもるとなかなか出てこないんだけど、時計を見たら入ってから3時間以上も経ってる。さすがにおかしいよなと思って、奥出さんのいる部屋のドアに聞き耳たてたら「ピチャピチャキュルるるるー。」って、女性器をすする音が聞こえてきて。奥出さん、まだ挿入もせず、女優さんのアソコを舐め尽くしてたんです。おいおい、クンニ3時間ってさすがにビラビラふやけるんじゃないのって。まあ、それ以外も色々あるんですけど、あとはどれもこれも表では言えない話ばかりで。もともと胡散臭い人物だから。

――いきなり強烈なエピソードです。奥出さんはご自身で男優もやられていたんですよね。

黒田　あの風貌がよかったですよね。奥出さん、自身のメーカーが潰れて億単位の負債を抱えたときに、そのショックで見た目がガラッと変わったらしいです。髪が全部抜け落ちて、歯もガタガタになって、痩せてしまって、生きてる骸骨みたいな。あの見た目がまたいいんですよね。なんか異形の人って感じが。奥出さんって、実物に会って言葉かわしてみないと魅力がわからないかも。僕の説明だとうまく伝えらんなかったですけど、本当に人間的な魅力に溢れる人で。

――クンニ3時間以外のエピソードありますか。その人間的な魅力が伝わるようなものがあると、奥出さんのフォローになると思うのですが（笑）。

黒田　奥出さんは、僕のいいところを言語化してくれるんですよ。その言葉が若手男優の僕にはものすごく心強かった。僕って周りからはそういう風に見えてるんだって。奥出さんから客観的に見た、僕が持ちあわせてる強みみたいなものを教えてくれるんですよ。褒めてくれるし。それもおべんちゃらで褒めるんじゃなくて、その一言一言が刺さるんです。奥出さんに褒められると心底うれしくて、そこをもっと伸ばしていこうと思えましたね。

――奥出さんの魅力が少し分かりました（笑）。

黒田　あとは女の子への向き合い方も教えてもらいましたね。今の時代はトラブルなく撮影を終わらせるのが目的みたいな撮り方になっちゃってるから、あんまり女優さんの心の内に踏み込んだりはしなくなりましたけど、昔は違いました。相手をAV女優だと認識して接するんじゃなく、ひとりの女として接するやり方。その方がエロいものが撮れますし。奥出さんからは女性への接し方や踏み込み方を教えてもらいましたね。当時、そういうのを手とり足とり教えてもらえたから、多少は女の子を口説ける人間になれたんだと思います。奥出さんのおかげです。

――そのあたり、個人的に詳しく教えていただきたいです（笑）。

黒田　簡単にいうと女の子との距離の詰め方ですよね。どういう言動をとれば、相手に信頼してもらえるかっていう。うまく言語化できないけど、奥出さんの話を聞いていると、理屈としてすっと入ってきたんですよね。

――AV女優の弥生みづきさんは、黒田さんに抱いてほしかったからAV女優になったという話を聞いたことがあります。

黒田　そのエピソード、本当かなあ。恐れ多いですね。弥生さんは女優としての能力もすごく高くて魅力的な人だから、本当だったらありがたい話だけど。僕はとくにビジュアルで売ってきた男優ってわけじゃないから。鈴木一徹とかしみけんみたいなビジュアルがいいヤツだったら、いくらでもそういう女優さんはいるんだろうけど。

家族にバレたら意外な反応
厳しかった父の変貌に驚いた

――デビューしたときはお父様にはバレなかったんですよね。

黒田　そうですね。男優を始めてからしばらくして、一度、父親からVHSテープが送られてきたことがあったんですよ。「ヤバい、バレた！」って焦ったんだけど、再生してみたら僕とはまったく関係のないAVのテープでした。「女はな、いつまでたっても女やけん、これば見てエッチの勉強ばして、たまには抱いてやらんばいかんぞ」っていう余計なお世話な手紙が同封されてて。うちの奥さんがその手紙を見て激怒してましたね。でも、今は仕事のこと知っていますよ、親父。あと、うちの子どもも知ってます、自分の仕事。

――バレたきっかけがあったんですか。

黒田　妹が先に僕がAVに出てることに気づいて、両親に報告しやがったんです。妹からのチクリですね。

――お父様の反応はどうでしたか。

黒田　あるとき電話がかかってきて、AV男優っていう言葉は一切出なかったけど、「お前のことはいつまでたっても応援しとるけんな。仕事がんばれよ。おいとお前は一生、親と子やけん」って言われました。その時はなんか気まずくてスルーしましたね。僕の仕事のこと受け止めてくれたのが今でも信じられないですよ。あれだけ気難しかった人が、ね。

――お子さんにはどんな形で？

黒田　一番上の子は15歳の時に、ネットで親の名前を検索するって授業があって、ググったら出てきたみたいです。男優なりたての頃は本名でやってましたから、僕。若い頃の作品がバーっと出てきたみたいで。子どもが18歳になったとき、僕に進路の相談をしてきたから、「将来やりたいことを先に決めないと大学選べないよね。何やりたいの？」なんて話をしてたら子どもがニヤニヤし始めたから、「あれ、もしかしてパパの仕事のこと知ってるのかな？」って尋ねたら、「うん、知ってるよ」って。3年間、実は知ってたくせに、ずっと黙ってたみたい。

――なんかいい関係ですね。

黒田　今も全然関係性は悪くないですね。2人目の子には自分でバラした方が面白いなと思って。『劇場版　おうちでキャノンボール2020』っていう、カンパニー松尾さんの映画があるんです。緊急事態宣言中に1・8メートルの距離を取りながら素人女性を相手にどんなエロいことをできるかを競い合うっていう劇場作品で、僕もそれに出ているんだけど。日大芸術学部の学園祭でそれを上映するっていうから、ちょっと面白いなと思って18歳になった2人目の子と一緒に日大キャンパスに観に行ったんですよ。で、上映されたら「AV男優、黒田悠斗」ってテロップ付きでスクリーンに僕が登場して。「怒ってキレちゃうかな。これでケンカになったら、それはそれでしょうがないか」と思ったけど、結果ぜんぜん大丈夫でしたね。息子も「なんかこういう変なこと、やってそうだな」って思ってたんでしょうね。家でもずっとふざけてるヤツだから。

――3人目のお子さんは？

黒田　まだ気づいてないと思う。高校生だから、まだ言わない方がいいかなと思って。成人したらたぶんこっちから言います。嫌われたら嫌われたでしょうがない。

――でも、すごいドッキリですよね。映画を見ていたらお父さんが出てきて、しかもその職業が明かされるなんて。ご家庭でも普段からくだけた感じなんですか。

黒田　ずっとふざけてますね。長崎の実家とは、正反対な家庭にしたかったから。そりゃ、厳しくするときは厳しくしますよ。たとえば、生活態度のことなんかは。でも、基本的には親がチャランポランな空気感でいれば、向こうも気を緩められるというか、子どもがふざけられる家庭を作りたかったから。そういうことを考えながら家庭を運営してるんだけど、ほんと難しいですね、家族って。思うようにはなんないですよね。

――息子さんに女性の口説き方を教えたり、とか。

黒田　たまにしますね。こういう人がモテるんだよとか。もちろん、指マンのやり方なんかは教えたりしないですよ。ただ、こういう男の方がモテやすいんだよって教えるだけ。子どもは子どもの人生だから、あんまり細かく言ってもしょうがないし。

監督になって見えてきた撮る側と出演者の違い

――2001年に監督デビューされてますけど、男優と監督ってやっぱり違いますか。

黒田　全然違いますね。監督の方が大変です。人を使うのって難しくて、僕は気を遣う方だからちょっと向いてないなと思う。今も続けてはいますけど、監督業。

――男優さんとして入られる場合は、1日でいくつの現場をこなされているんですか。

黒田　昔はよくやってたけど、いまは1日3現場とかはさすがになくなってきてて。あっても1日2現場。僕も今48歳で、昔に比べたら仕事も減ってきました。制作費の予算が減ってきてるからギャラの高い男優は使われにくいんですよね。ギャラが安い男優ばかりが忙しい。なんか夢がないですよね、ギャラ高い人は呼ばれないって。若い人たちもギャラを上げづらいでしょう。上げたら使われなくなるだろうし。

――予算は大きく減ってきてますか。

黒田　僕が5万男優に成り立ての頃がＡＶ業界の全盛期で、その時代のおおよそ半分ぐらいの予算で作品を撮ってますね、今は。監督さんに入る監督料も減ってるから、作品を撮っても儲かんないですよね。

――監督と男優の両方をやるメリットはありますか。

黒田　監督をやろうと思ったのは、経験が本業の男優業にフィードバックできるかなと思ったからです。照明の当て方とか勉強になるし、監督の視点で男優の絡みを見られるじゃないですか。そこで得た経験は、男優として別の現場に行くときに役立ちましたね。男優の仕事を俯瞰して見れるようになったし、現場の照明の当て具合を見て、監督が欲しい画が分かったりもするし。あとは他の人の現場で見てよかったものを、自分が監督するときに応用してみたり。そういう意味では、両方やってるといいことばっかりですね。

――現場自体は増えていますか。ほとんど配信が中心に？

黒田　現場数は増えてるんじゃないですか。だから予算減るんでしょうね。ひと月に出る作品数がいっぱいあるから、作品ごとの売れる本数は自然と減りますよね。売上が分散しちゃうんで。

――大勢の女優さんとお仕事されてきた黒田さんに、ぜひ聞いてみたかった質問があるんです。それが「頭のよさとエロさは比例するのか」ということなんですが。

黒田　どうだろう、いや関係ないと思いますね。エロいって、言葉を換えればどれだけ貪欲かということですよね。どれだけ前のめりでエロを追求できるかどうかだから、偏差値は関係ないですよ。頭いい人も悪い人も、両方そういうことをやってますから。

――社会的な地位のある人の方が、ＳＭだとか、スカトロだとか、幼児プレイみたいな変態プレイに走りやすい印象もあります。

黒田　それもどうでしょう。たしかにお医者さんとか、へんなことをしてそうな印象があるけど、それはその方がギャップがあって面白いからみんなそう思うだけで、実際は偏差値が高くない人だって、とんでもないことをやってますからね。そこかしこに変態さんはいっぱいいます。医者がへんなことやるとギャップあるから目立つってだけで。

――むむ、たしかに。どうやら私の仮説が覆されそうです（笑）。ただ、この本で色々な

方のお話を聞く中で、高学歴の方は探求心や向上心が特別強いと感じるんです。結果的に、それがみなさんの成功につながっているのではないかと。黒田さんはいかがですか。

黒田　新しく覚えたこと、聞いたことは全部メモするようにしてますね。現場でもすごいメモ魔だからみんなに聞きまくって、照明さんとかカメラマンさんとか、わからないと思ったらすぐに質問して、その度にメモってました。セックスに関する技術も先輩男優に聞いて回ったし、どんなプレイがあるとうれしいか、監督にリサーチしたり……。

――どんなプレイが喜ばれるんですか。

黒田　AVってああ見えて、細かいことがいろいろあるんですよ。洋服を脱がすのも、なるべく絡みの後の方まで引っ張った方がいいとか。

――それはなぜでしょう。

黒田　パッケージの写真の問題ですね。AVのパッケージの後ろって、場面写真がたくさん載っているじゃないですか。絡みですぐに服を脱がしちゃったら、写真が裸ばっかりになりますよね。そうすると写真の見栄えがどれも変わらなくなって困るんです。色味が減るから。ブラだけつけた写真とか、服着てる写真とか、いろんなパターンがあった方がいいし、スカートを半分まくった半ケツ状態の絵があった方がおいしいとか。そういうのをいろいろ聞いて取り入れてきました。

――あと、黒田さんはNGがないと伺ったんですが……。

黒田　まあ、それはそうですね。ウンコとかゲロとか、そういうのは全然大丈夫。何でもやってきました。そういうヘンテコなことやりたいからこの業界に来たわけですしね。自分の性癖にはないけど、違う世界に触れたいから。なんでも1回は経験しておきたいじゃないですか。未知なことに。

――そういう世界に触れられてご自身が変わった気はしますか。

黒田　いや、別に何も変わってないですよ。新しい性癖が目覚めることもなかったし。ただ、その場、その場が面白いんですよ。だって、普通に暮らしていたら、他人のゲロを食ったり、ウンコ被ったりすることないでしょ。AVの現場では、そういうものをわざわざ大勢の人が動いて、自分のためにセッティングしてくれるんです。ありがたいですよ。

――どんな現場でも受け入れてきた黒田さんにとって、一番過酷だった現場というか、抵抗があった現場はありますか。

黒田　ミラクル級の性病の女性が来た現場ですね。

――性病⁉　それはキツイです。

黒田　いまは性病検査の証明書をお互い出し合うようになってますけど、昔はそんな慣習なかったんです。たまに、どう考えても性病だろってヤツが来るんですよ。アソコに指を挿れてみたら、爪の隙間がピリピリ痛くなるくらい膣内が酸性になってて。マン汁もトロっとしたものが垂れてくるならわかるんですけど、その時の女優さんは工場の排水みたいな灰色の液体がピュッピュッって奥から飛び出してきて……、これは絶対ヤバいだろって。でも撮影を止めるわけにはいかないんで、ゴムつけてやりましたよ。挿入していると粘液が付いたせいか、ゴムで守られてない金玉部分がライターで炙られてるみたいに熱くなっていって……。「アツっ！　痛っ！　アツっ！」みたいな。あの時はキツかった。

――性病検査の証明書を見せるようになったのは、いつからですか。

黒田　２０１７年くらいからですね。それより前は無法地帯で、証明書なしで生でやったりなんかもしてたから怖かったですよ。男優協会を作ったのって２０１４年なんですね。協会という形をつくって「性病検査を定期的に受ける業界にしたい」って言い始めたのは、実は男優側が先なんです。

――きっかけは何だったのでしょうか。

黒田　２０１７年に出演強要問題が騒がれ出して、その流れで必ず見せ合おうってルールが業界内で決まったんですね。僕らはもっと早くから始めたかったから協会作ったんですけど。僕らの仕事って病気になったら終わりだから。そういう金玉が炙られるような思い、したくないじゃないですか。

ＡＶ男優に向く人の３条件は、勃起力以外は昔と今で大違い

――どういう人がＡＶ男優さんに向いていると思いますか。

黒田　今の時代だったら礼儀正しくて、コミュニケーション能力が高くて、チンチンの勃ちがいい、の３つかな。僕らの世代のときは、クレイジーで、チンチンが勃って、プライベートで遊びまくってエピソードトークの引き出しをいっぱい持っているっていうのが、いい男優の条件でしたね。

――周りの先輩はそういう人ばっかりでしたか。

黒田　そうですね。沢木和也さんとか島袋浩さんとか山本竜二さんとか、みんなエピソードトークが面白かったですね。だから、現場に行くのが楽しくて。毎日トークイベントに行ってる感じでしたから。この人たち、本当めちゃくちゃだなって。今はそういうクレイジーな裏話、まったく出てこないですね。

――監督さんも大人しくなりましたか。

黒田　そうですね。２０１７年の強要問題が大きかったんじゃないかな。あれ以降、さっ

きも話したように、無難に撮影を終わらせるのがベストみたいな感じに変わったから。

——昔は無茶な撮影をして、監督がよく捕まってましたよね。

黒田　面白かったですよね。名古屋の露出ものとかすごかったですもんね。墓場でやるのなんかは初心者コースだし、走行中の路線バスでフェラ抜きとか。あと、電車内でぶっかけ絡みとか。あと4車線の左折レーンのとこのゼブラゾーンで立ちバックやったり。山手線の網棚に裸の女の子を乗っけたりとか。山手線の中でフェラしてる作品もありましたよね。たしか女優さんが自ら監督をしていて、自分がやりたい願望を詰め込んだってやつで。他にも、顔面に何十発も精子ぶっかけられて、汁だらけの状態で渋谷を歩かせたりとか。

——面白い作品が見れないのは、ファンとしても寂しい限りです。黒田さんが関わられた作品で、一番やばかったものは何ですか。

黒田　自分で監督した作品だと、実家にカメラを持って行って撮ったのが印象に残っていますね。セフレと一緒に里帰りして、「この人と次の人生やっていこうと思ってるんだ」って両親に紹介して。全然そんな気持ちない、ただのセフレのひとりでしたけど、家族がどういう反応するかなと思って隠し撮りしてたら、婆ちゃんが「あの女は最初に顔合わせた時から、やめとけばよかとにって思うとった」なんてうちの奥さんの悪口を言い始めちゃって（笑）。最後には「この金で新生活やり直せ」って総額で300万ぐらい入った通帳の束を持ってきた。もちろん、受け取りませんでしたけど。長崎の貧乏な家の300万って大金ですし。

――お父様が出演されているんですか。

黒田　出演っていうか、盗撮して勝手に出しちゃってるんですけどね。長崎の田舎者はカメラがどんなものか見たことないから、撮られてることに気づかないんですよね。全然バレなかった。2004年にMOODYZから出た『素人生ハメFile』という作品です。AVに出たことがない素人たちばかりを撮った作品です。もう20年前かぁ。それ以降はもう派手なことできなくなっていったから。やっぱり1990年代が一番狂ってましたね、AV業界。僕が入ったのは99年で、もうちょっと落ち着き始めていましたけど、それでもまだ面白かった。

――今後もまだまだ現役でご活躍されると思いますが、最後にAV男優以外でやってみたいことはありますか。

黒田　僕に需要があるかはわからないけど、女性用風俗には興味ありますね。性に関心ある人がわざわざお金払ってくるわけだから、みんな性に前向きで面白そうだなって。AV女優さんの中にはたまに性に後ろ向きな人がいたりするけど、それを相手にするのに比べたらよっぽど楽しそうだなって。なんかワクワクすることが起こりそうじゃないですか。

Chapter 5

キャンパスを騒然とさせた伝説の爆乳美少女 雌伏の時を経て復活した理由

桃《もも》園《ぞの》怜《れ》奈《な》

関西の有名私大在学中の2015年にAVデビューし、わずか3作で引退した「幻の爆乳美少女」桃園怜奈さん。卒業後は一般企業に就職するも2年で退社してAV界に復帰し、ファンを歓喜させた。バニーガールの衣装の露出部と隠す部分を逆にした「逆バニー」を業界で初めて着用し、その作品を大ヒットさせた「AV界の逆バニー流行のパイオニア」としても知られる。

在学中に3作だけAVに出演したのはなぜか。有名私大のマンモス校に通いながらのAV出演で周囲の人はどんな反応をしたのか。復帰にいたった気持ちの変化やいきさつは？　気になるあれこれをすべて語ってもらった。

小中学校は真面目に勉強して成績良好 高校で転落するも一夜漬けで大学合格

――ご出身は兵庫県ですよね。じつは私も兵庫の出身なので、出身地が近かったらどうしようとドキドキしてました（笑）。幼少時のことから伺いたいんですが、どんなお子さんでしたか。

桃園　田舎の方で、ちょっと教育熱心な小金持ちが集まった住宅街みたいなところに住んでました。保育園時代から人見知りで人と話すのが苦手で、とくに男の子としゃべれなくて。大学に入るまで男子とはほとんど話したことがありませんでした。胸が小学校から大きかったんで、男の子からいろいろ言われて、それがすごく嫌でした。

――塾に通って勉強されてたんですか。

桃園　小学校のときから塾に通ってすごく勉強して、全国模試5位以内とか、中学校でも定期テストで学年1位とか取ってました。塾では成績が貼り出されるので、ほかの学校の子にも負けたくないし、先生に褒められたいので、頑張って勉強してましたね。

――塾には小学校何年くらいから？

桃園　小4からです。英会話は小1からです。親に通いなさいって言われたからじゃなく、周りもみんな習い事してたので、自分もやっとくみたいな感じで。合唱、バレエ、水泳もやってました。

――高校は進学校ですよね。高校でも成績はよかったんですか。

桃園　県で2位か3位くらいの進学校でした。高校からはちょっとやんちゃというか、ふざけた友だちとつるむようになってあんまり勉強しなくなりました。もともと小中でも派手な友だちが多くて、友だちに「あんた私たちとつるんでて、よくそんな勉強できるよね」って言われてました。でも隣の席に友だちがいるのは嫌でしたね。授業中に話しかけてきたり、手紙書いて渡してきたりして勉強に集中できないから。

――勉強が好きだったんですね。

桃園　勉強が好きっていうより負けず嫌いなんです。だから勉強し始めたらのめり込んじゃう。でも高校時代は、だんだん赤点を取るのがかっこいいんじゃないかって思うようになって、赤点ばっかり取ってました。

――だけど、ご出身大学は関西の某有名私大ですよね。あそこは相当勉強しないと入れないんじゃないですか。

桃園　私けっこう一夜漬けタイプなんです。それで高3の夏ぐらいから塾に行ってガチで勉強し始めて、前期は全部落ちたけど、後期は全部受かりました。

――すごいです！　その大学を選んだのは理由があったんですか。

桃園　母が同じ大学の出身で「すごくいいよ」って言われてたんです。あと、関西の私学の中では一番イケイケで、庶民的で遊べるイメージがあったので。高校までは周りは超真面目な子ばっかりだったので、はっちゃけたくて一番楽しそうな大学の、一番楽しそうな学部に入りました。

――入学されたのは商学部ですよね。商学部が一番チャラいんですか。

桃園　チャラいです。それが目当てだったんで、不純な動機です（笑）。

――現役で一夜漬けで入れるなんてすばらしいですね。

桃園　周りも大学行くのが当たり前みたいな感じだったので、どうせ行くならいい大学で楽しいところに行きたいと思って、負けず嫌いスイッチが入って頑張りました。

一気にはっちゃけた大学時代
豪傑ぶりを発揮して大勢の男子を骨抜きに

――少し話は戻ります。中学時代からＡＶを見ていたそうですが、本当ですか。

桃園　いいえ、AVを見始めたのは保育園のときですね。母のノートパソコンで、「エッチな動画、無料」とか検索して。

――保育園児にそんな知識が！

桃園　女の子は早いんですよ。コンビニで売ってる少女漫画にも、けっこうエッチな描写があって、そういうのも好きで保育園のときから立ち読みしてました。

――早熟ですねぇ。そんな動画見てたの、お母さんにはバレなかったんでしょうか。

桃園　多分、検索履歴でバレてましたね。

――どういう動画ですか。

桃園　私は痴漢ものとかレイプものが好きで。とくに集団で女の子が回されてるというか犯されてるのが好みでよく見てましたね。

――えぇっ！　保育園のときに!?

桃園　はい。私ってMなのかな。自分がそうされたいという願望があるのかも。

――そんなこと言ったら勘違いした人が襲ってきそうで、怖い気がするんですけど。

桃園　確かに。ファンタジーだからいいんでしょうね。

――高校時代にも彼氏さんがいたけど、初体験は大学1年のときだそうですね。その相手が特定できないそうですけど、初体験の相手がわからないってどういう意味ですか（笑）。

桃園 大学入ってはっちゃけて、いろんな人としたんですけど。狭いらしくてなかなか入らなくて、いろんな人とチャレンジしていたら、たぶんちっちゃい人だったんでしょうけど、いつの間にか入ってたんです。相手は多分、その辺にいた人だと思いますけど。

――その辺にいた（笑）。どんなところで出会われるんですか。

桃園 学部、サークル、クラブ、ナンパ……全部です。

――何サークルですか。

桃園 バスケサークルです。それも一番飲みサーでやりサーで楽しそうなところを選んだんです。学校中スウェットで歩き回ってるような。男もいっぱい寄ってきて。

――1年生の間に何人くらい経験されたんですか。

桃園 覚えてないんですよ。すぐ忘れちゃうんで。100いかないくらいかな。

――かなりの数です。一人の男性にしつこくされたりとかないんですか。

桃園 大学のときにAV出たんで、その後はしつこくされたこともありました。私、大学の前に住んでたんですよ。それもあって、みんな家に来てしつこかったです。入れるのは面倒くさいから、「もうわかった」って、口でやって帰らせてました。みんな抜いたら黙るんで。それで黙らしてました（笑）。

――サービス精神がすごすぎです。

【桃園怜奈　Profile】
1996年生まれ。大学在学中の2015年12月、『Fitch専属 溢れる透明感！　天然Iカップ新人AVデビュー』（Fitch）でAVデビューし、人気を博すが、3本出演したところで引退。大学卒業後、一度は一般企業に就職するが、2020年に退職し、AV界に復帰。大流行した「逆バニー」を生み出すなど、有料動画サイトで上位に食い込むヒット作を連発している。

桃園　１回抜いてやったら、それからは舎弟のようになるんで。「桃園さん、ご飯ありがとうございます」みたいに下につく感じに。

――手懐けましたね。10人くらいの男子を一気に骨抜きにしたそうですけど、どういうシチュエーションだったんですか。

桃園　いつも大学の前の飲み屋街で飲んでたんですよ。そしたら知り合いだった別のサークルの男子の集団に出会って、ベロッベロでワーイみたいな感じになって、囲まれて家に連れていかれそうになったんです。「いやいや、もう面倒くさいから、この公園で抜いたるわ。全員チ○コ出せ！」って言って、フェラして片付けました。

――なんか、宮本武蔵みたいです。それでみんな納得して終わりなんですか。

桃園　はい。抜いたら男は黙るんで。

在学中に鮮烈なAVデビュー
本当の理由は1人暮らしの費用捻出だった

――学生のときは最初、グラビアアイドルをやりたかったそうですが、例えばどういう人を目指してたんですか。

桃園　誰かな……。深キョン（深田恭子）は一生の憧れですね。

――グラビアアイドルを目指していてなぜAV女優に？　近いといえば近いですけど。

桃園　あちこちでいろんな理由を言っているんですけど、本当のことを言うと1人暮らしするためです。実家から大学までは1時間ぐらいなので、大学に入ったときは実家から通ってたんですね。でもサークルの子らがみんな一人暮らしで、夜中に集まって朝まで大学の前で飲んでるから、それに交ざりたくて。私、飲み会大好きで楽しいこと大好きなんで。「終電で帰るの嫌やから一人暮らししたい」と母に言ったら「うちにはそんな金ない」っていうから、「じゃあ自分で全部やるわ」と。一人暮らしするお金のためにAVに出ることにしました。

――いきなりのAVデビュー、かなり大胆です。

桃園　「まぁいっか」と思ってノリでやりました。私って何事にも抵抗がないんです。だから、ノリとお金が理由ですね。

――お金はそれなりに稼いでたんですか。

桃園　普通のバイトよりはかなり。私、専属なんで月1本出て、言うたら月1日働くだけで、普通の会社員の何倍もの金額がもらえたんです。タイパ・コスパがめっちゃいい。私はタイパ・コスパ大好きなんで、この仕事は合っていると思いました。大学のときは3本しか出ませんでしたけど、それでもある程度まとまったお金にはなりました。

――すべて要領がいいというか、効率がいいですよね。高3の夏休みから勉強始めて大学に入る。男の子は短時間で抜いて黙らせる。月1日働いて暮らす……。

桃園　そう。そういうのが好きなんですよ。しかもやりたいことだけして。

――ちなみに、デビュー前に好きなAV女優さんとかいましたか。

桃園　私の世代のレジェンドは、やっぱり安齋ららさんですね。巨乳界ではトップだと思います。

――もともとAVっていうのがどんなものかはもちろん、わかったうえで出られたんですよね。

桃園　デビューする前は、男の子が「明日花キララがいい」とか、いろいろ言ってるのを聞いてただけで、正直、あんまり知識はありませんでした。大学時代にいざ出演するってなったときも、そんなにみんなが見てるもんだとは知らなくて、バレると思ってなかったんですよ。「コアな人しか見ないもんだよ」って言われたんで。でも、実際はデビューしたら1か月後には大学中に知れ渡っていて……。さすがにそのときは、ちょっとビビりました。

大学中に知られて大騒ぎに 3本だけ出演してAV界を引退

――最初に周りの人が知ってるとわかったときは、どんな状況だったんですか。

桃園　みんな直接は言わずに陰で言っていたみたいで、ベロベロに酔ったときに「みんな知ってんで」と男の子に教えてもらいました。「マジか！」と思って女の子にも聞いたら「みんな知ってるよ」って。そこから大学歩くたびに指されたり、顔を覗き込みに来られたり、周りがざわざわし始めて。教室入るたびに注目されました。私、堂々と遅刻して一人で入っていくからそれもあるんですけど、「あの子や」「AV出た子や」みたいに言われて、そのときは「なんやねん、こいつら」って思ってましたね。

――嫌な気持ちでしたか？

桃園　最初はちょっと嫌だったんですけど、あとから男の子が、ご飯一緒に食べるだけで「僕なんかとご飯行ってもらっていいんですか！」みたいになるから、「全然いいよ」とか言ったりして。途中からそれが気持ちよくなりましたね。

――男子生徒から見たら、雲の上の存在ですもんね。

桃園　そのときは大学のスターでした。噂が広まって、周りの大学の人もけっこうみんな知ってました。

――親御さんにバレたのはどんなタイミングだったんですか。

桃園　多分、親は今も知らなくて、妹だけ知ってます。

――妹さんには何か言われましたか。

桃園　言われたのは最近ですけど、「AV出てるらしいな。いつまでやんの」ってLINEが来て、無視しました。そこから妹とは気まずくて、いまはちょっと実家に帰りづらいです。

――ごきょうだいは妹さんだけ？

桃園　そうです。妹は私と真逆の人間です。学級委員長とか応援団長とかやるタイプで、すっごい真面目なんで、AVとかはすごく抵抗があるだろうし、夜の仕事の友だちとかもいないと思います。

――最近ということは、大学時代のAV出演のときは何も言われなかった？

桃園　妹も同じ大学なんです。在学期間はかぶってないんですけど、ワンチャン噂で私の話を聞くかもしれないなと思って、「お姉ちゃん、ちょっと大学でやんちゃし過ぎて、もしかしたら噂聞くかもやけど……」って布石を打っておいたら、「お前がそういう女だってのはわかってるよ」って言われましたね。

――お父さんは？

桃園　父は生きてるけど、一緒にはいなくて母だけです。母が知ることは多分ないかな。別にわざわざ言わなくてもいいかなと思ってます。もし知られたら、「こういうテレビ出たよ」とか「写真集、出したよ」とか教えたいことといっぱいあります。本当は言いたいけど、わざわざ言わなくてもいいかなっていう感じです。

――ご家庭はしつけとか厳しかったんですか。

桃園　いや、だいぶ放任主義でした。だからこういう人間が育っちゃった（笑）。

――AV女優さんにインタビューしていると、家庭が厳しくて反発して……というケースも多いみたいなんですけど。

桃園　うちは放任主義ですけど、私が勝手に真面目に生き過ぎて、大学に入って性への興味が爆発した感じです。

――真面目に生きてきた理由は何でしょうか。負けず嫌いのほかにも、親孝行したいという考えがあったんですか。

桃園　親に喜んでもらいたいというのはありますね。あと、そもそも住んでいたのが、真面目な地域やったんですよ。男遊びとかはまったくないところ。本当は多分ずっと、保育園のときから性欲が強くてそういうことに興味があったのに、でもできなかった。大学入ってそういう環境に出会って、一気に解放されました。

――大学時代は3本出演しただけで引退されましたけど、その理由は？

桃園　大学時代はノリで出ただけで、さっき話したように1人暮らしの費用に充てるくらいの目的しかなくて、全然それ以上のやる気はなかったですね。だから3本でいいやと思って。その後は就活を始めて、大学を卒業したら普通に就職するのが当たり前のルートだと思ってたんで。

――本当に大学時代だけのバイト感覚だったんですね。

経理の仕事中にふと湧いた疑問「自分が輝ける場所」と感じてAV業界に復帰

――就活ではどんな業界を志望していましたか。

桃園　一般職で、銀行系と不動産系を受けました。

――わりと硬い感じの業界ですね。それから志望していた一般企業に入社されたんですね。

桃園　はい。経理部に入りました。商学部やから入れたのかな。

――簿記などの資格はもってらっしゃったんですか。

桃園　簿記は授業で取ってました。あと宅建を会社に入って1年目に取りました。取らされたというか、1年目は宅建を取るのが仕事という感じだったので。

――会社に入られてからの、異性関係は……。

桃園　そのときは彼氏がいたので真面目でした。そうそう、AV3本出たあとに彼氏ができたので、それもあってAVは続けなかったんですよ。彼氏が「そういうのはやめてくれ」っていう人だったので。

――会社の人には大学時代のAV出演のことはバレなかったんですか。

桃園　みんな内定式の時点から知ってたらしいです。

――なんと……やっぱり知られてしまうんですね。

桃園　大学はマンモス校なんで、その会社やグループ会社に私を知ってる卒業生がいたみたいなんです。それで上の人に言って広まって。同じ部署の先輩には、「俺、お前で抜いてたのに、同じ部署になったから抜かれへんやんけ」って言われました（笑）。

――上司から何か言われたりとかは？

桃園　会社入ってから数か月で呼び出し食らいました。人事部長から「会議室、来てもらえる？」って。「いよいよ来たか～」と思って行ったら「君のアルバイトの噂話が社内で広がっています。何か心当たりはありますか」と。でも、入社前のことだから会社は問い質すことはできないはずなんですよ。だから「何の話ですか」ってとぼけたら、それで終わりでした。そういうとこ、私はあんまり気にしないんで、そのあともしばらくは気にせず勤めてました。すごいイケイケな不動産営業部の部長から社内メールでお誘いが来たこともありました。本当はご飯行っただけなのに、ヤッたって言いふらしてたみたいです。

――同僚からサイン求められたりとかはありませんでしたか。

桃園　ありました。サインは今もいろんな知り合いからちょくちょく頼まれます。

――会社を2年で退職されてAV業界に復帰されましたが、そのときの経緯や心境をお聞かせいただけますか。会社を辞めたのは、仕事が面白くなかったからですか。

桃園　面白くなかったです。経理って毎月1日にこれやって、15日はこれやって、締め日はこれやって……って同じことの繰り返しなんです。やっているうちにふと「これ私じゃなくてもよくない？」と思ったんです。それで「私のよさをすべて消してるな。この仕事」って思い始めました。そのとき、思いつきでエゴサしたら「3本で引退した伝説の爆乳美少女、復活してほしい」みたいな記事がいっぱい出てきて……。私ってこの業界でこんなに認められてたんだと初めてわかって。一番自分の強みを出せた業界だったんだなと。それなら自分の認められる世界で、どこまでできるかやってみようと思ったのが、復帰のきっかけです。自分が輝ける世界はここだと思ったんです。

――復帰するときは、同じ事務所さんに連絡したんですか。

桃園　はい。「もう一回やりたいです」って、求人フォームから。

――そのとき、彼氏さんはまだいらっしゃったんですよね。

桃園　ちょうど別れたんです。別れたから復帰したというのもあります。会社辞めたタイミングでちょうど彼氏に振られて、これは戻るしかないと思って。

――同じ事務所にした理由はあるんですか。

桃園　ほかの事務所とかわかんないんで。すごくいい事務所で、みんなやさしいし、アットホームで、いろいろな仕事を振ってくれます。女優さんも多くて刺激になります。

「変な衣装」と思った逆バニーものが大ヒット レイプものから痴女系へと守備範囲を拡大中

――復帰されていかがでした？

桃園　今度はガチでやろうと思って。大学時代はAVしかしないでほかのメディアは全部NGにしてたんですけど、復帰してからはテレビとか全部OKにして。どこまでできるか挑戦しようと思ってやってます。

――ユーチューバーのラファエルさんの番組にも出られましたね。

桃園　ラファエルさん、めっちゃいい人でした。すごく腰低くて。ユーチューバーさんでこんな売れっ子でいい人いないと思います。

――そうなんですか。露悪的というか炎上系だからイメージ違いますね。

桃園　私もイケイケかなと思っていたんですけど、さりげなくペットボトル開けてくれたり、やさしくてずっと敬語で。

――人気者になるにはそういう姿勢も必要なんでしょうね。AV女優は天職っていうか楽しいですか。

桃園　楽しいです。もちろんAVの撮影は毎月楽しいのと、最近はいろんなお仕事をさせてもらえるので。バラエティとかグラビアとか。今度落語の舞台もするんです。

――えっ、面白いですね。どういう経緯で落語されるんですか。

桃園　事務所にオファーが来て3人出ることになり、そのうちの1人に選んでもらいました。今は仕事を何でも受けるようにしてて、マネージャーさんもそれを知ってるのでいろいろ振ってくれます。もともと人見知りで、表舞台に立って目立つのは好きなのに苦手という矛盾した性格なんです。そんなところも克服しつつ、いろいろやって自分を成長させたいなと思ってます。演技も下手くそだから、頑張ってうまくなりたいですね。

――今までの作品の中で、一番思い入れがあるというか、手応えを感じたのは？

桃園　やっぱり逆バニーですね。

――桃園さんの作品をきっかけにＡＶ界に逆バニーの流行が生まれたとか。

桃園　そうです。もともとはＢＬ業界で流行ってたらしくて、漫画に描かれていたのをＡＶの三次元でやってみようとなって、初めて着たのが私でした。

――逆バニーの撮影の思い出とかありますか。

桃園　最初は「なんや、この衣装は⁉」と思いました。「着る意味ある？」って。当時、ＡＶ界では全然流行ってなくて、体に合わせる必要もあるから特注で作ってもらったんです。すっごく着にくいし、着たあとのパケ撮影とかも大変でした。動くととれてくるので、しょっちゅう着直したり、いろんなところ留めたりしながらやるんです。面倒くさいなあと思いながらやってて、まあそれ以外はいつも通りの感じで、そんなに売れると思ってなかったんですけど、すごい売れてびっくりしました。

――ご自身の作品はご覧になるんですか。

桃園　見ます。自分の出てる作品を見るのは好きで、見ると「私ってかわいいな、エロいな」って思います（笑）。

――逆バニーのほかにもお気に入りの作品ありますか。

桃園 最近で言うと、メガネかけた関西弁の痴女教師みたいな役で、初めて関西弁でやって、童貞を痴女るみたいなのがすごい楽しかったです。

――そうだ。普段は関西弁を話されるけど、撮影とか淫語（性的興奮を促す言葉）は標準語になるんでしたね。

桃園 そうです。AVは基本セリフも標準語なので。

――でもその作品は関西弁だったんですね。

桃園 素の話し方で行けました。

――淫語のうまい女優さんの作品を見て勉強されてるというのも読みましたけど、それも本当ですか。

桃園 はい。ほかの人のAVもめっちゃ見ます。いいのがあったらスマホにメモして撮影直前に見返したり……。

――研究熱心ですね。

桃園 同じような作品を出しててもダメだな、進化しないとと思っているので。

――最近の作品の傾向とかってありますか。

桃園 もともとレイプもの、やられる系が得意だったんですけど、最近は痴女系を伸ばしていきたいなと思ってそっち頑張ってます。

どんどん高レベルになっているAV女優
知性と痴性（エロ）は比例するのか

――AVのお仕事をするうえで、大学を出ておいてよかったと思うことはありましたか。

桃園　大学がどうのというのはないけど、暗記力や記憶力がいいのは役立ってますね。セリフ覚えとか、ファンの人の顔と名前を覚えるのとか。あと、AVも頭を使わないとダメで、ただやってても面白くないから、いろんな淫語を言ったり、体位とかも工夫して変えたり、ずっと「次何やろうかな、何言おうかな」って考えながらやってるんですよね。売れてるAV女優さんってみんな頭いいなと思う。とくに痴女系の方とか……。

――痴女系の作品は女性が展開をリードしていきますよね。

桃園　そうですね。ずっと違うこと、しゃべってるじゃないですか。だからすごい頭いいな、回転速いなと思って見てます。

――一度就職したことが役立ったというのはありますか。

桃園　そうですね。一般社会はこうなんだなというのもわかったし、一応それなりの常識を身につけることはできたので、経験しておいてよかったです。

――最近のAV女優さん、レベルが高過ぎますよね。みなさんきれいで才能豊かで……。

桃園　本当に今すごいです。2024年8月に、台湾でトップどころが集まるイベントがあったので参加したんですけど、みんなアイドルよりかわいくて、きれいだし、細くてスタイルもいいし、レベル高すぎやろと思いましたね。すごい刺激受けました。

――今は海外で活動される方も多いですよね。海外のAV市場というか賑わいはどんな感じですか。

桃園　台湾すごいです。ファンの方がめっちゃ熱いです。もともとAVのファンの方って国を問わず熱いんですけど。

――海外の富豪さんから口説かれたりとかないんですか。

桃園　ないですね。うちの事務所、そういうところは厳しいので。

――先ほどおっしゃいましたけど、売れてるAV女優さんって頭いいというイメージが私も強くて。知識の知性と、エロの意味の痴性って比例するのかなと思ったりしてます。

桃園　やっぱり好奇心旺盛な人が多いから、何ごとも極めたいと思うのかも。あと、図太いというかメンタル強い人も多いと思います。

――そうでないと生き残れない世界かもしれませんね。

桃園 そうですね。この業界で何年も生きてる人はみんな強いです。何でもできる人たちだと思う。

――それにしても桃園さんは保育園からその片鱗を見せていたんだから天才ですね。

桃園 ふふっ、そうかも（笑）。

――今まで共演された方で、とくに頭いいなと印象に残った女優さんとか男優さんはいらっしゃいますか。

桃園 しみけんさんはすごかったです。多分、メモとっているんでしょうけど、すごく覚えてくれていて。私はデビュー作と復帰作で会って、間が5年ぐらいあいていたんですけど、「あのときのこういうイき方した子だったよね」みたいに全部覚えててくれました。すごく仕事熱心でやさしいです。

――女優さんではどうですか。

桃園 みんなあんまり頭のよさを見せてこないですからね。あ、同じ事務所の紗倉まなさんとかは、もう〝先生〟じゃないですか。小説も書く作家さんで。すごい方なので会うたびに緊張します。

――そうなんですか。桃園さんも本を書いてみたいとかはないんですか。

桃園 いやー本は書けないですね。人生波乱万丈みたいな、やってきたことを書くんだったらいけるかな。

――波乱万丈っていうより順風満帆に見えますけど……。

桃園　確かに運はよかったかも。山あり谷ありって感じでもないから、そういう本も無理ですかね～。だいたいハッピーな感じで来てますからね。

――ハッピーなほうがいいですよね。

AV女優という仕事をリスペクトしてくれるしっかり稼げる男性と結婚したい

――たとえば今後、AV女優を目指す学生さんとかがいらっしゃったら、どんなメッセージを送りますか。

桃園　お勧めはしないかも。

――ちょっと意外な答えです。

桃園　やっぱりハイリスクハイリターンな仕事だから……。風俗とかとは違って、世の中に出た作品は消せなくて、一生残りますよね。結婚したいとなったらダンナや子どもにどう話すかとか、いろんなことが出てくるので、軽い気持ちでやるものではないと思います。

軽い気持ちでやっちゃった私が言うのも何ですけど、だからこそそういう部分がわかったというのもあります。

――というのは？

桃園　会社員時代に付き合ってた元彼に、「戻りたい。また付き合いたい」って言ったとき、私に直接は言わないんですけど、友だちに「あの子と結婚したらちょっと困るやん」って言ってたらしくて、その言葉が胸にぐさっときました。

――「困るやん」ってどういうことでしょう。

桃園　子どもができたとき、その子に知られるかもとか、結婚後の周囲との付き合いを考えてとか、そういうことだと思います。

――桃園さんは結婚についてどう思われているんですか。

桃園　結婚したいです。ずっと相手を探してます。

――なんぼでもいるんじゃないんですか。

桃園　いませんね。やっぱりこの仕事をしていて、「それでもいいよ」って言ってくれる人はなかなかいないです。遊びたいっていう人は寄ってくるけど、ガチで「大事にしたい。結婚したい」って言ってくれる人はいないんですよね。

――桃園さんみたいなトップスターになると、そんなことはどうでもいいというか、憧れ

の対象になって、心底大事にしたいと思う人がどんどん現れそうですけどね。

桃園　そうでもないんです。今、28歳なのでガチで結婚相手を探してて、いろんな人と真面目にご飯を食べに行ったりしているんですけど、苦戦してます。恋愛だけうまくいかない。

――でも、ここまでファンが付くってないじゃないですか。すごいですよね。そんなの気にしない人も多いと思いますけどね。

桃園　仕事をしている私をリスペクトしてくれる人と付き合いたいですね。

――じつは桃園さん側の条件も厳しいんじゃないですか。

桃園　仕事を一生懸命していないと無理かも。オスとして尊敬できない（笑）。

――なるほど。そのハードルがちょっと高そうです。

桃園　父がお金を稼がなくて、母に迷惑かけるどうしようもない人だったんで、それもあって、仕事を一生懸命しない男性は嫌いなんです。頑張って稼いでないと魅力的に見えません。私が何でもやって稼ぐタイプなんで、男の人には「ケツ掘られるぐらいの覚悟で働けよ」と思います。甘っちょろい夢ばっかり語る人は、本当に無理ですね。私自身、ケツ掘られる覚悟で働いてますから。

――名言です。それこそお尻の穴が引き締まるような。

桃園　でも、私の条件に合う人はすでに結婚していることが多いし、稼いでいるのにいい年で独身って人は、何か問題があったりで難しいですね。

――何らかの事故物件とか。

桃園　そういう恐れがありますよね。

――稼ぎでいうと、具体的にはどのくらいからレースに参加できるのでしょうか。

桃園　（指で数字を示しながら）結婚するならこのぐらいは欲しいですね。

――なるほど……実にナマナマしい金額です。でも、桃園さんなら正直もっと多い金額かと思ってました。

桃園　これは最低基準です（笑）。

――絶妙な金額設定です。めちゃくちゃ頑張れば行けるかもしれない、くらいの。本書の読者に夢を与えるかもしれませんね。

桃園　金額を言って「ああ、そんなもんなんや」って言ってくれる人はよくて、「そんなの、男の数パーセントしかおらんから」と言う人は最初っから無理ですね。

――私も夢を持って生きたいと思います。高いところに花があれば頑張って登って取りに行くぐらいのね。

桃園　そういう気持ち、大切ですよね。でも、実際にお金いっぱい稼いでても、全然私にベットしてくれなかったら意味ないんで、そこまで多くなくても全部私に注いでくれる人が一番いいです。

――勉強になります。ちなみに、AV女優さんと出会いたければどこにいけばいいんでしょう。いわゆるヤングエグゼクティブの飲み会みたいなのとか行かれたりしますか。

桃園　ああ、ありますね。

――いい出会いはあるんですか。

桃園　いいえ、全然（笑）。自称有名人とか自称経営者みたいな人がいたりもするけど、何で有名なのか、何で稼いでるのかよくわからない人が多くて。ただ、飲み会好きだから行っているだけです（笑）。

初めての映画出演で興奮＆感動　もっと演技力を鍛えて頑張りたい

――今後、挑戦したいことありますか。

桃園　バラエティーが好きなんで、いろんな番組に出てみたいですね。グラビアも好きなのでそっちも。でも最大の課題は現状維持かな。今の状態をこれからも維持するのが一番大切な気がします。いろんなお仕事をいただいているので、できればずっと続けていきたいですね。もちろんスキルアップはしていきながら。

――研究熱心ですもんね。

桃園　演技もずっと苦手なまま来ているので、今後は演技の仕事もできるようになったら嬉しいですね。

――バラエティー番組で、芸能人の方と共演されることもあると思いますが、「この人、私の作品、見てくれているかも」とか考えることありますか。

桃園　そういうのを考えると興奮しますね～。テレビのバラエティー番組で芸能人が「AV好き」とか言ったら、もしかしたら見てくれてるかもと思って。

――見てたらうれしいですか。

桃園　うれしい！　最近、ちょいちょいそう言ってもらえることもふえてきたんです。ユーチューバーさんとかでも、有名な人から「フォローしててファンです！」と言ってもらえると、やっぱりうれしいなあと思います。

――江頭さん（江頭2：50）とか？

桃園　あの人おっぱい好きなんで（笑）。そんな人が見てくれて、もしかして抜いてくれてるかもしれないと思うと感動しますね。

――デジタルになって、作品が残り続けてしまうという面がクローズアップされることがありますけど、逆にいえば、ずっと人々を感動させ続けることができる作品を作った、ということも言えますすよね。

桃園　そうですね。残るから困る部分もある代わりに。

――私、今回のインタビューで毎回のように言ってるんですけど、最近、90年代のAV作品のドラマパートだけ見てて、今それにハマってるんですよ。絡みのシーンは見ないで。

桃園　へぇー、珍しい！

――昔は早送りしていたドラマパートを見て感動してます。だから、桃園さんの作品も30年後の人類を感動させる可能性もあるわけで、すごい仕事ですよね。

桃園　確かに。しかも、その作品でオナニーするからか、みんな思い入れが強くて。普通のアイドルよりも、ファンの人も熱いんです。

――勝手に他人じゃないつもりでいるんですよね。

桃園　そうそう（笑）。

――じつは私、インタビューをさせていただく時、女優さんが相手だと真っ正面に座れないんです。なんか恥ずかしくなってしまって……。今日もなんですけど、ちょっと斜めの位置に座るようにしてます。

桃園　そうだったんだ（笑）。

——今、私44歳なんですけど、この年になると無駄に精子を出したくないんですよ。ちゃんとこの作品でっていう狙いを定めて見たいですね。

桃園　年齢とともに、見る目がどんどん厳しくなるっていうことですね。

——もっとも若いときもレンタルビデオ屋に行っていたから、それはそれで真剣そのものでした。当時、みんな1時間くらい粘って、怖い顔して作品選んでましたよ。

桃園　そりゃあ、わざわざ出かけて行って失敗したくないでしょうね。

——珠玉の一本を探すのに必死でした。今みたいにサンプルムービーなんかなくて、パッケージという限られた手がかりから選ぶので、イマジネーションも鍛えられてました。今思うといい時代、いい時間でしたね。

桃園　今は情報過多なのかもしれないですね。

——そうなんですよね。それで当時は、『マディソン郡の橋』とか『フォレスト・ガンプ』とかにAVをはさんでレジに出してました。AVだけ借りるのが恥ずかしいから。で、きれいな店員さんがいるレジは避けたりして。

桃園　今は誰にも知られずワンクリックで行けますよね。

——それに無料で見られるのもあるけど、私はちゃんと買ってます。

桃園　偉い、偉い。

――ファンの方も年配の方が多いですか。

桃園　多いですね。イベントに来て下さるのは、中年のファンの方が多いです。みなさんDVDも買ってくれるので、ありがたいです。

――今日のインタビュー、桃園さんはAVの天才であることに加えて、努力していろんなことを効率よく獲得されたことがわかりました。

桃園　そうそう。やっぱり、タイパよく、コスパよく生きないと（笑）。

Chapter 6

新しいエロ・エンタメを模索する
期待の新進女流AV監督

レミレミ・ニューワールド

学習院大学を卒業後、広告会社からもらっていた内定を辞退し、大手アダルトビデオメーカーのSODクリエイト株式会社に就職したレミレミ・ニューワールドさん。入社1年目にしてAV監督を務め、その作品を大ヒットさせた。

皇室関係者も多く通う、お嬢様・お坊ちゃま学校というイメージの強い学習院大学からAV業界に入ったのはなぜか。またAV監督を目指した理由は？　入社5年目になる今もどこか初々しい雰囲気を漂わせつつ、スゴ腕AV監督として活躍するレミレミさんに語ってもらった。

SO
MAN

一人遊びが好きだった幼少期
小学4年でエロに目覚めてAVを見始めた

――どんなお子さんでしたか。

レミレミ　幼稚園に通っていたんですけど、一人っ子だったこともあって一人遊びが好きな子どもでした。一人ですごろくやジェンガをしたり、折り紙で遊んだり、ゲームやったりするインドア派で。小学校時代はインターネットを覚えてやっていました。

――ご両親はどんなお仕事を？

レミレミ　当時は父が不動産会社を経営していて、母親は専業主婦でした。私が少し大きくなるころに、母はパートで働き始めました。

――勝手にお嬢様というイメージをもっているんですが……。

レミレミ　小中高と私立の女子校に通っていて、周りはけっこう裕福な家庭の人が多かったです。そういう環境ではありました。

――中学では部活に入っていましたか。

レミレミ　美術部とクイズ研究会に入っていました。もともと知らないことを知りたいという欲求が強くて、母もクイズが好きだったので、うちでよくクイズ番組を見てました。先輩たちがクイズ研究会を作ってたんですけど、ちょうど友だちがそこに入って、「学内でクイズ大会開くから来てみない？」と誘われて。行ったら楽しくて、そのまま入ったんです。

——知識欲が強くてクイズ研究会に入っていたら勉強できそうですね。

レミレミ　いや、それが勉強は嫌いで、さっぱりでした（笑）。いちおう塾には通ってましたが。

——塾は小学校時代から通ってたんですか。

レミレミ　幼稚園時代から塾に通っていて、小学校受験をしました。

——それが高校までの一貫校だったんですね。

レミレミ　そうです。なので大学に行くときは12年ぶりに受験しなければならなくなって。勉強が全然できなかったので、大学受験のときは河合塾に通って家庭教師もつけてもらいましたね。

——ご出身はどちらですか。

レミレミ　正式には公表してないんですけど、神奈川の横浜です。

——エロに目覚めたのはいつでしょうか。

レミレミ　いわゆる目覚めみたいなものは小学生のときですね。友だちが香港に住んでいて、家族で香港旅行に行ったとき、友だちが頭に当ててブルブルするマッサージ機を買ったんです。それを私も欲しくなって買ってもらったんですが、曲げられるようになってて、頭だけじゃなくいろんなところに当てられるんですよ。家に帰ってから、それを肩とか腰とかに当てていたら、下にやると気持ちいいって気がついて。そのとき、ちょうど母が部屋に入ってきたから、「お母さん、これ気持ちいいよ！」って言ったら「えっ」みたいな顔をされて、「あれ、なんかいけないことなのかなぁ」って思いました。

――お母さん、ちょっと焦ったかもしれませんね。小学何年のときですか。

レミレミ　4年か5年の頃です。そういえば幼稚園のときに登り棒が好きでよく登ってたんですけど、そしたら男の子に「パンツ見える」って言われて。その男の子のことを好きな女の子が「パンツ見られていいな～」って言い出したんです。「そんな欲望があるのか」って驚いて、面白いなと思った記憶があります。

――AVを初めて見たのはいつですか。

レミレミ　小学校4年生の頃ですね。小4でローマ字を覚えたのでパソコンが使えるようになり、とにかく女の人のおっぱいが見てみたくて、ネットで検索して見てました。そしたら違法サイトみたいなところに飛んでしまい、そのまま見てたらワンクリック詐欺に引っかかって……。親に泣きついたらパソコンを取り上げられてしまいました。

――無念でしたね（笑）。

レミレミ　最初に見たのが学生もののＡＶで、男優さんがどうしても学生に見えなくて、それがちょっと気持ち悪いなっていう印象で。スマホをもつようになってからは、スマホでＡＶを見たかったんですけど、21歳までのフィルタリング機能がかかってて見られませんでした。でも、家にＷｉＦｉが導入されてからは観放題でしたね。で、その頃に「どういう人たちが作ってるんだろう」というのが気になって、検索したらＳＯＤにたどりついたんですよ。

――今につながったわけですね。それはいつ頃でしたか。

レミレミ　高校２年のときだったから何年前かな。今27歳なので、２０１４年くらいですね。

――初めて彼氏さんができたのはいつですか。

レミレミ　中学３年生でした。

――聞いていいのかわかりませんが、初体験はいつ？

レミレミ　高校２年生ですね。相手は知り合いの大学生でした。女子校だったんで「大学行ったらみんな経験済みなんだろうなあ」と思ってて。だから大学生になるまでに捨てておきたいという気持ちがあったんですけど、大学生になったら意外と普通に経験ない子も多くて、「な～んだ」みたいな。

――慌てなくてもよかったですね。

大学に入ってからは活動的にクイズ作家や猥談ライターのバイトも

――学習院には大学からですよね。相当勉強されましたか。

レミレミ　もともと勉強が苦手なので、「頑張らなきゃ」っていう気持ちがあって、自分なりには頑張って勉強しましたけど。

――現役で合格されてすばらしいです。

レミレミ　でも第一志望ではなかったんです。本当は早稲田に行きたかったんですけど、1点足りなくて。

――1点！

レミレミ　親から「学習院より下の大学に行くんだったら、女子大にしなさい」って言われて。東京女子大には受かってたんですけど、「これ以上、女子校はいやだ」と思って学

【レミレミ・ニューワールド　Profile】
学習院大学を卒業後、SODにディレクター職として入社。ADとして制作現場のサポートを行いながら、企画を出し続け、新卒1年目の10月に『【VR】【追跡視点】隣の部屋に住む女子大生 置き配を回収している無防備な尻がエロすぎて…自宅侵入即レ●プ』で監督デビュー。〝エロ・エンタメのシェア〟を旗印に、『SEX しないと脱出できないマジックミラー号』シリーズを始め、数々の話題作を世に送り出している。

習院に行かせてくれと頼みました。

――大学でのご専攻は？

レミレミ　文学部の哲学科で日本美術史専攻でした。

――サークルはやってましたか。

レミレミ　学生放送局っていうところに入ってました。番組発表会っていうのがあって、そこに向けて生番組や映像を作るというサークルです。

――撮影とか編集をされていたんですか。

レミレミ　ゼミが3つあって、1つはアナウンスゼミナールという演者のゼミ。あと音をやるのと編集をやるゼミがあるんです。私は最初、編集のところに入ろうと思ったんですけど、滑舌をよくしたいなって思ってアナウンスゼミナールに入りました。そこで自分で番組を企画して、パワポ作ってしゃべったりしてました。自分で考えて、周りの人を巻き込んで番組を作って、一緒にやった人が「楽しかった」「面白かった」って言ってくれたのがうれしくて。それが今の仕事にもつながってます。

――それ、どこかで放送とかされたんですか。

レミレミ　内々でやってただけで、オープンにはされてないと思います。学祭とかで外部のお客さんを呼んでやったり、ほかの大学の同じようなサークルの人を呼んで披露し合ったりとかはあったんですけど。

――大学時代、バイトやってましたか。

レミレミ　いろいろやってました。最初は近所のオムレツ屋さんみたいな店のホールをやりました。他には地元の温泉施設でホールをやったり、映画館でバイトしたりしてました。あとクイズ作家の仕事をしたり、広告会社を目指してたので広告会社でインターンしたり、猥談ライターをやったり……ですね。

――クイズ作家さんというのはクイズ問題を作ってお金もらうんですか。

レミレミ　そうです。番組制作のバイトをしてた先輩から、「今度、若者向けのクイズ番組をやるから意見が聞きたい」と頼まれて。そのときに、クイズを作って持って行ったんですね。もともとクイズ研究会で、自分で作問してたから。そしたら、「作家お願いできませんか」と言われて、ちょっとの期間でしたけど。

――そんなバイトがあるんですね。初めて聞きました。猥談ライターっていうのも初めて聞いたんですけど。

レミレミ　今はユーチューバーとしても活躍されているライターの佐伯ポインティさんという方がいらっしゃって、当時「猥談バー」というのをされていたんです。会員になったらみんなで猥談ができるバー。ポインティさんに猥談を送って、それがＯＫになったら会員権をもらえるというシステムだったんです。その頃、佐伯ポインティさんや猥談バーのことが、ネットで有名になりつつありました。私がネットでその存在を知って、「これは面白いぞ」と思って調べていたら、ポインティさんが、いろんな人に猥談インタビューをして記事にする大学生インターンを募集してたんですよ。それに採用されて、ポインティさんの取材に同行して、記事に起こす仕事をやっていました。

親の会社の倒産をきっかけに考えが変化
自分にしかできないことをやるためにSODへ

――活動的な学生生活ですね。

レミレミ　もともとはインドア派だったんですけど、大学生になってから交友関係も広がって活動的になっていきましたね。それと、大学1年のときに親の会社が倒産して、いろいろ考えたというのもありました。それまでは、けっこう親の価値観で生きてた部分があったんですけど、「これが当たり前じゃないんだな」と思ったというか。「自分自身の価値観とか、やりたいことをやってみよう」と思うようになりました。

――生活は変わりましたか。

レミレミ　変わりましたね。家は買い取ってもらって、家賃を払う形だったので、住むところや生活がそんなに大きく変わったわけではないんですけど。社長をしていた父親が近所のコンビニでバイトしてるっていうのは、やっぱりけっこう衝撃的でした。

——従業員の方は多かったんですか。

レミレミ　大きな会社ではなかったんですけど、私の学費を払ってくれて、やりたいことを不自由なくやらせてくれるレベルではありました。倒産したあとも、大学は出させてもらって、「これやりたい」と言ったことは、ダメとは言わずに協力してくれたので、それはありがたかったなと思って感謝しています。

——お母さんは教育熱心だったんでしょうか。

レミレミ　基本的に親が勧めたところに進学してました。勉強はあまり好きじゃなかったけど、美術が好きだったんで、大学も美術系だったらということで、「ここはどう？　この大学は？」みたいに資料を集めてきてくれたり……。塾も家庭教師も親が決めて、それに従っていました。

——今、親御さんとは仲いいんですか。

レミレミ　仲はいいですね。就職のときはもめたんですけど。

——レミレミさんは大学卒業後にＳＯＤに入社するわけですが、第一志望は最初からＳＯ

Dでしたか。

レミレミ　第一志望は広告関係でした。私はもともとコピーライターに興味があったので、コピーライター養成講座を受けたり、広告関係の企画に参加したりしていたんです。広告業界をメインで受けて、内定も1社いただいていたんですけど……。

——順調な就活だったんですね。

レミレミ　でも、やっぱりSODが気になって。SODは普通の会社と比べて採用の時期が遅いんです。それで広告会社の就活が終わったあとにSODの会社説明会に行ってみたんですね。そしたら、エロの仕事をみんなとことん真面目にやっていることがわかって、すごく感動して。そこからSOD受けたら受かったんです。

——広告業界とSOD、どちらをとるか悩む展開ですね。

レミレミ　そうなんです。すごく迷いましたけど、そのとき、やっぱり自分にしかできないことをしたいなと思って。私はエロも好きだし、企画を考えるのも好き。その2つを融合させた仕事をSODでやりたいなと思ったんです。それに、日本はまだ女性が「エロが好き」ってオープンには言いづらい社会です。私にとってのエロは、面白くて楽しいものなので、それを好きな人が楽しめる世の中にしたいなと考えました。そう思ったときに自分でできるのは、SODでAV監督をすることだなと。

――ご両親にはどうやって説明したんですか。

レミレミ　親には「ごめん。広告会社行かないかも」って内定を辞退したあとに言いました。そしたら「えっ、何するの」って驚かれて。ちょっとモゴモゴしていたら、母が「まさかAVじゃないよね」って。

――お母さん、勘が鋭すぎます（笑）。

レミレミ　母はふざけて言ったらしいんですけど（笑）。私、SODの会社説明会に行ったときにお土産をもらったんですよ。AVのDVDとか「シコロール」っていう淫語がプリントされたトイレットペーパーとか、地下アイドルのスカートの中の香りの入浴剤とか、そういうのをいっぱいいただいて。中身は自分の部屋にしまったんですけど、袋はまあいいかと思って放置していたら、しっかりした袋だったんで、母が古紙を捨てるのに使おうとしてたんです。「ちょっとそれ、やめた方がいいかも」って母を止めたんですけど……。

――それでビビッと来たわけですね。

レミレミ　母は気になって「SOD」をネットで検索したみたいなんですが、そしたらSODの女子社員ものを見つけて（笑）。「これに出るの？　なんか弱みでも握られてるの？」みたいな。「違います。自分の意志です」ってはっきり言いましたけど。

両親からは猛反対されたが自分を貫く吹っ切れた気持ちでAV業界を楽しむ日々

――ご両親を説得するのは、一筋縄ではいかなそうです。

レミレミ　その頃、父は地方の知り合いの不動産会社に就職していたんですけど、すぐ飛んで帰ってきて緊急家族会議が開かれました。母からは感情的にわーわー言われて、父からは理論的に詰められたんですけど、説得できないまま押し切りました。本当は親を説得してから入社したかったんですけど、それは間に合いませんでしたね。

――お母さんが感情的にというのは、怒鳴ったり泣いたり？

レミレミ　そうですね。一人娘で大学まで出したのに学費返せとか。

――そうなんですね。周りのお友だちの反応はどうでした。

レミレミ　昔から私はけっこうエロキャラとして認定されてて、小中高、女子高で友だちのスカートをめくったりしていたので、「天職じゃん」という感じで受け入れてくれる人が多かったですね。「今まではAV見たことなかったけど、レミが撮った作品買ったよ」とか言ってもらえるのはうれしいですね。

――いい友だちですね～。ＳＯＤさんに入る前にＡＶ業界の印象は何かありました。

レミレミ　本当に『全裸監督』の世界観なのかなと思ってました。でも、実際にＳＯＤの会社説明会に行ったり、入社前の内定者アルバイトに行ったりしていると、社員さんはみんないい人で、居心地がよかったんです。反社とか怖い感じはまったくなかったですね。

――入社試験って、何か独特だったりするんですか。

レミレミ　基本的には普通の就活と同じなんですけど、やっぱり「どういう作品見ますか」とか、「どういうエロが撮りたいですか」とか、好きな女優さんとか、作品に関することはよく聞かれましたね。

――やっぱり性的嗜好が入社のカギを握るわけですね。勝手なイメージですけど、ＳＯＤさんみたいな会社だと、内部でセクハラっていう概念はないのかなと。「これ言っちゃいけない」とか気をつかう必要があまりないんじゃないかと思ってるんですけど。

レミレミ　ほかの会社と比べたら、そのへんは緩いというか、ちょっとおかしいかもしれませんね。でも「セクハラはセクハラ」っていうのもあります。この前、吸盤でつくバイブみたいなのがあって、会社の机にそれがくっつくかなって設置して試してたら、「エロいね」って言われたから「それセクハラですよ！」って注意しました（笑）。

――レミレミさんはこの業界に入っていいことだらけですか。

レミレミ　楽しいですね。基本的に仕事は面白いですし、ＡＶ監督という仕事に就くことでエロキャラであることにも吹っ切れました。それが嫌だと思う人は多分寄ってこないし、それがいいねって言ってくれる人たちが集まってくれるので、自分の好きなことを仕事にできるのは、すごく楽しいです。

――ご両親との仲は、いつ頃、どんなふうに修復できたんですか。

レミレミ　押し切って入っちゃったらもうこっちのものみたいな。もともと仲はよかったので。そのときは親からは「将来が心配」だなんて言われましたけど、入ったあとは、まあ普通にやっています。ただ、後ろめたさみたいなものはずっと感じていて、ちょうど初めて監督をやったのが入社１年目の10月頃だったんですけど、母親の誕生日が10月だったんですね。それで「お誕生日おめでとう」っていうメッセージを送るついでに、「初めて監督やったよ」とＬＩＮＥで報告したんです。そしたら「すごい！　よかったね」って喜んでくれて、ホッとしました。

入社後半年にしてスピード監督デビュー 女性ＡＤとのコンビでライブ配信にも力を入れる

――入社されてからこれまでのご経験を伺いたいんですが、まずどういったお仕事をされたんでしょうか。

レミレミ　入社直後は制作部に入って、いわゆるＡＤ業務をやりました。ロケの手伝い、監督が書いた台本に沿って準備をしたり、スタジオを押さえたり、技術さんを押さえたりという補佐的な役割ですね。でも、うちの会社はＡＤでも企画書が通れば監督ができるんですよ。私はとにかくＡＤ業務が向いてなかったので、早く監督になりたくて、毎週、毎週企画書を出しました。何度もボツになりながらも、1年目の秋に企画が通って、初めて監督をしたんです。

――入って半年！　大抜擢ですね。

レミレミ　ＶＲで、置き配レイプの作品でした。そのあと2年目の最初の頃、ＤＶＤの方で「マジックミラー号からの脱出」シリーズの企画書を出したら通って。ちょうどマジックミラー号の25周年で、タイミングもよかったです。

――絶対にセックスしてはいけない男女をマジックミラー号に乗せ、脱出するために制限時間１００分以内にセックスしてもらう、という企画ですね。設定が斬新で、とても面白い作品でした。レミレミさんの作品は切り口が独特ですが、どうやって企画を考えているんですか。

レミレミ　そうですね。日常の中でメモしたり、インターネットの中でエロいなと思ったら画像を保存したり……。そういうのを毎日ためていって、どう企画書に落とし込もうかなって考えています。

――得意のクイズをAVに活かして欲しいですね。

レミレミ　まだ作品ではやったことはないんですけど、先輩が担当した女子社員バスツアーもので、頼まれてエロクイズを作ったことはありますね。たとえば、「ロシア語で女性器を何と言うでしょうか?」みたいなものとか。答えはたしかエビとか、カニとか、海鮮だったような……（※編集部注、答えは「エビ」）。

初めての監督DVDで月間1位をとって感動 演者との一体感を感じた現場は楽しかった

――監督さんとしての1日の流れを教えていただきたいんですけど、朝、何時ぐらいに出社されるんですか。

レミレミ　その日によってやることがバラバラなんですけど、たいていは昼前ぐらいに出社して、ロケがあったらロケの打ち合わせしたり、ロケの直前だと打ち合わせのあとにロケの準備をしたり。衣装を買いに行くこともあれば、台本を修正したり、編集したりっていうことが多いですね。

――月に何本くらい撮るんですか。

レミレミ　2本ぐらいは撮っています。それをしながらADもしつつ……。

――ADさんや監督さんって、遅くまで仕事をされているイメージがあります。

レミレミ　日によるんですけど、帰りはだいたい夜8時、9時が多いですね。ロケが忙しくて、本当にやばいときは会社に泊まったり。ただ、ロケの日は逆に朝が早いです。女優さんがだいたい8時入りなので、制作は7時半までにはスタジオに着いて、それから夜の11時くらいまで。ほぼ1日がかりです。

――そんなに長時間撮影するんですね。女優さんも朝から晩まで大変ですね。

レミレミ　専属の女優さんで作品を撮るとなったら、基本的にはそうですね。朝、1時間半くらいかけてメイクをして、パッケージ撮影が1時間から1時間半くらい。そのあと、VTRを3絡みくらい撮って、間に休憩は挟みつつ、11時くらいまでかかるっていうのがロケのスケジュールですね。

――想像以上にハードです。SODの男性社員さんが男優さんになられたりすることもあるんですか。

レミレミ　ありますね。あと、ハメ撮り監督っていうジャンルもあるので、自分でカメラ回しながら男優を兼ねる社員監督もいます。

――これまで監督された作品の中で、一番思い入れが強いのは、やっぱりマジックミラー号ですか。

レミレミ　はい。やっぱり『マジックミラー号からの脱出』ですね。それまでVRで何本か撮ってたんですけど、DVDで1本監督するのは初めてだったので、思い入れは強いです。FANZA（DMMのアダルト向け動画配信サービス）で月間1位になって、すごく報われた気持ちでした。おかげさまでシリーズ化させていただいて。私もゲームマスターとして仮面をつけて出演しているんです。最初は天の声みたいな感じで指示しようと思っていたら、先輩監督から「仮面つけて出ちゃいなよ」って言われてロケの2日前ぐらいに言われて「えぇーっ!?」と。でも、面白そうなので急いで仮面を買って、モニターを発注して出ました。演者さんと一体感を持って作品を作ることができたので、いい経験になりました。

女性監督だから撮れるAV女優の顔がある
新旧のさまざまなAV作品を見て勉強

――お仕事するうえで、学習院大学卒でよかったと思うことはありましたか。

レミレミ　大学生のリアリティは知っているし、最近は高学歴で女優さんになられる方が、この業界にもちらほらいらっしゃるので、学歴がある方やいわゆる育ちがいい方の葛藤みたいなのは自分も理解できるなっていうのはありますね。

――女優さんで高学歴の方、よくいますか。

レミレミ　多くはないですけど、たまにいらっしゃいますよね。

――そういう話とかされます？

レミレミ　公表してる方とか事前に知ってる方、そういう情報が知られてる場合は話すこともありますけど、表だって言ってない方もいるので。あとで知って「そんな大学出ていたんだ！」みたいなこともあります。

――学習院大卒のAV女優さんというと、結城るみなさんがいらっしゃいますね。

レミレミ　結城るみなさんは、私がちょうど大学1年のときに学習院のミスコンに出てらっしゃって。私は、そのミスコンでは別の哲学科の先輩を推してたので、ミスコンを見に行ったときに一緒に写真とか撮ってもらったんです。あとでその写真を見返したとき、「ここから2人もAV業界に行ってるじゃん」って思いました（笑）。結城るみなさんがデビューされたとき、学習院生はみんなざわついてました。大学から「これだけ人がいたら、そういう業界に行く人も一人や二人いると思います」みたいな声明が出て。私も同じ業界なんだけどと内心思ってました。

――結城さんとお付き合いはないんですか。

レミレミ　他社さんの専属でいらっしゃるので、なかなかお会いする機会はなくて。

――監督するうえで女性であることのメリットはありますか。

レミレミ　女子同士だからこそ引き出せる会話とか表情とか、言えることがあって、それは女性監督ならではの強みかなと思いますね。しかもわりと年が近い人が多いので。あと、作中でインタビューとかしてても、男性の声だとユーザー様にとってはノイズになる場合もあるようなんですが、女性の声だとそこまで気にならないっていうのも女性監督の強みかもしれないですね。

――『けつあな』（『けつあな確定な♡枢木あおいと女監督レミレミで素人男性を誘惑してアナル責めメスオチ絶頂ＨＥＡＶＥＮ』）のときですかね。なんかいいですよね。女性２人で責めていくっていうのが。

レミレミ　枢木あおいちゃん好きだったので、いつか撮りたいなと思っていたんですけど。ちょうどタイミングが合ったので企画出したら企画書が通って。枢木ちゃん主体で、私も自分でカメラ回しながら一緒に男の人を責めるっていう……。

――それは男性監督ではできないですよね。

レミレミ　確かに。すごく楽しかったですね。

――痴女系ですね。こういうとAV業界の人に失礼なんですけど、絡み以外のところって、だいたい早送りしちゃうじゃないですか。それを思わず見ちゃう感じがすごくいいなと思います。

レミレミ　うれしいですね。作品として世に残っていたら、いつどこで誰が見るかわからない。それはうれしいですね。形として残っていくというのは。

――目標にしている監督さんはいますか。

レミレミ　就活のときも思ったことですけど、「結局、自分は自分にしかならない。自分になるしかない」と思っているので、自分にしか撮れない作品を頑張って撮っていきたいと思ってます。好きな監督さんとしてはSODでいうと木村真也さんだったり、もうやめちゃったんですけど太田みぎわさん。その2人はやっぱり企画がすごくて。

――どんな企画でしょうか、気になります。

レミレミ　『時間を止められる男は存在した！』とか『(株)しゃぶりながら』とか。『(株)しゃぶりながら』は、オフィスのあちこちからチンチンが出てきて、みんなしゃぶりながら働いてるっていう独特な世界観の作品です。みんなが「あったらいいな」と妄想することを軸に世界観を作り上げるというＳＥＮＺ（センズ）っていうレーベルがあるんですけど、ぶっ飛んだ作品が多くて。そういうアホエロみたいな作品が好きなんです。ほかにも『ナイトサファリ』っていう女の子が獣として走る作品とか。あとはドキュメンタリーも好きなので、カンパニー松尾さんの作品もよく見ます。個人的に好きなのはエロスで言うと、ヘンリー塚本さんです。

――巨匠ですね。

レミレミ　ヘンリー塚本さんの、匂い立つようなエロスみたいなのが好きですね。

――女性監督さんではいかがですか。

レミレミ　女性監督さんも気になって見ています。ＳＯＤだと山本わかめ監督さんという方が昔いらっしゃいました。有名な方では真咲南朋さんの作品も見ますね。最近の作品はもちろん、仕事の参考になりそうな昔の作品は見て研究していますね。

インフルエンサーに進化してきたＡＶ女優
勘のいい女優さんとはあうんの呼吸で撮影できる

――昔に比べると、ＡＶ女優を希望する人が増えているように感じます。その理由はなぜ

だと思われますか。

レミレミ　昔はAVっていうとイメージがよくなかったんですけど、最近はインフルエンサーみたいな感じに進化してきて、みんなかわいいし、キラキラしてるしっていうことではないでしょうか。エロについての考え方も徐々に変わってきていて、昔は女性がエロを発信することに抵抗があったと思いますけど、そういうのもだんだんオープンになってきていますよね。そういうのに興味あるからという理由で「出てみたい」「やってみたい」と思う人も増えたんじゃないでしょうか。

――AV女優さんにインタビューをする中で、成功の要素として〝頭の良さ〟のようなものもあるのではないか、と感じました。レミレミさんが一緒に働かれてて、頭がいいと感じた女優さんや男優さんがいらっしゃったら教えていただきたいのですが……。

レミレミ　学歴っていうより、勘がいいなとか、地頭がいいなという話になってくるんですけど……。思い入れがある作品として、末広純ちゃんという子で撮った『ガチ素人オーディション』という作品があります。私はガチにこだわった作品を撮りたかったけど、その頃、ちょうどAV新法ができて、素人作品が難しい時期だったんです。でもやっぱり本物のリアクションを撮りたくて、ガチで「男性出ませんか」っていうサイトを作ったんですね。それで、来た人を全員面接して、純ちゃんにも選んでもらって。めっちゃ大変で面倒くさいと思われるような企画だったんですけど、純ちゃんはすごく前向きに取り組んでくれて、しかもすごく勘がよくて、ふわっと「こういうのが撮りたい」と彼女に伝えただけで、すぐ理解してくれて、上手にエロくやってくれたんです。本当に感動しましたね。

――男優さんではいかがですか。

レミレミ　やっぱり長く続けていらっしゃる男優さんは、皆さん頭がよくて仕事ができる方ですね。高学歴の男優さんといえば、森林原人さんですね。論理的で、女性がどうしたら気持ちがよくなるかを研究されていて、仕事ができるし、すごいなって思います。

――2週間くらい前に、新宿の某所で森林さんが撮影されてるのたまたま見ました。素人っぽい女性の方を撮ってて。最初、公園で真昼間からチューしてる人がいて、すごい熱い2人だなと思ってたらカメラ回してて、よく見たら森林さんでした。

レミレミ　たまたま目撃されたんですね。

――はい。20分くらい見てました（笑）。他にも見ている人がいたけどお構いなしでしたね。AV業界に入ったことは、レミレミさんにとってはポジティブなことばかりのようですね。いじわるな質問になりますが、デメリットを感じることはないでしょうか。

レミレミ　うーん。家を借りるときに借りられないこともあるみたいですね。私は会社がお世話になっている不動産屋に行ったので大丈夫だったんですけど、審査が通らないこともあるらしいです。あと美容師さんとかに「どんなお仕事されているんですか」って聞かれたときに言いづらいとか。別に後ろめたくはないんですけどね。基本的には、自分がやりたいことをやっていったら、それがいいと思っているし、AVが好きな人だけ寄ってくるので、そこに関してはいいんです。実社会での事務的な部分でちょっと困る場合があるかも……ってくらいですね。

――差し支えなければ結婚観を伺いたいんですけど、結婚願望みたいなのはありますか。

レミレミ　昔はなかったんですけど、最近は考えるようになりました。それこそSODに就職するときに「生まれてくる子どもがかわいそう」みたいなことを親に言われて「だったら私は結婚しないし子ども産みません！」ってなっちゃったんですけど。最近は「生物として子孫を残さないといけないかな」と考えるようになりました。今すぐに欲しいわけではないんですけど、そう思ったら結婚とか出産とかも考えるようになって。でも、結婚っていう形にとらわれるのは違うかなとも思っていて。パートナーみたいな存在がいたらうれしいなぁとは思います。

――今はいらっしゃらないですか。

レミレミ　今はいないですね。仕事が楽しい。仕事が一番になってます。そこも理解のある人じゃないと難しいですね。

夢はセックスミュージアムを作って、日本のエロ文化を海外に発信すること

――ＡＶ監督さんのセカンドキャリアについて伺いたいんですがどうでしょう。

レミレミ　ＡＶ監督以外の仕事ってことですよね。悩んではいるんですけど。私もこの仕事をずっと続けられたら続けたいですけど、わからないですからね。私は楽しみたいし、エロをエンタメとしてシェアできる世の中にしたいから、ＡＶ監督を辞めたとしても、そういう方向性の活動を続けるというのは一つあります。もう一つは映像業界に貢献できる仕事もありかなと。インティマシーコーディネーターってご存じですか？

――一時期、話題になりましたね。映画やドラマなどで性的なシーンの撮影するときにサポートする仕事ですよね。

レミレミ　そうです。監督さんと演者さんの間に立って、できること・できないことの確認をしたり、双方に配慮しながら濡れ場の演出をしたりする仕事です。エロで楽しみたい人を増やしたいと同時に、エロで悲しむ人を減らしたいという気持ちもあるので、そういう仕事もいいのかなと思っています。『地面師たち』という作品にもインティマシーコー

ディネーターが入っていて、AV男優さんやAV女優さんが俳優として出演されています。男優さん・女優さんにAV以外の活躍の場が増えるようにしていくことも、今の仕事を活かしてできることかもしれないと思って、いろいろ考えています。

――すばらしい目標ですね。

レミレミ　あと、これはただの夢物語なんですけど、セックスミュージアムを作りたいですね。

――セックスミュージアム……ですか。

レミレミ　観光地なんかに秘宝館ってあるじゃないですか。それを今風にアップデートしたものを作りたいなと思って。エロって表立ってはなかなか広められないから、その文化の評価もどんどんなくなっていったりしますよね。オリエント工業さんというラブドールを作っているところも閉鎖されて、復活できるかどうかわからないんですけど。一回ショールームを見に行ったら、すごくクオリティが高くて、これがなくなっちゃうんだと思うと切なくて。消えゆくエロ文化を残したいと思っているので、若者が楽しめるセックスミュージアムを作れたらうれしいなと思います。

――たしか、オランダのアムステルダムにそういう施設がありましたよね。観光名所になっていて、世界中から観光客が来ているとか。確かに東京にもそういうのがあったらい

いかもしれないですね。

レミレミ　川崎でやっているかなまら祭という、男根を神輿にするお祭りに行ったんですけど、海外の人だらけでした。日本のそういうエロ・エンタメを、もっと海外に向けて発信していきたいですね。

――ジャパニーズ・エロの輸出ですね。

レミレミ　日本のＡＶ文化は海外、それこそ台湾とかでは、もうすでに大人気で、イベントをやっても大盛況だったりするので。日本にとどまらず、海外も視野に入れていきたいですね。もし海外で日本のＡＶ女優に憧れて、業界に入りたいという女の子たちがいたら応援したいなとも思います。

――唯一無二というか、レミレミさんみたいな人はいらっしゃらないですもんね。これからさらに注目されそうです。

レミレミ　アダルト業界で働く女性の、新しいロールモデルになれたらうれしいですね。

Chapter 7

アダルトビデオ出演はフィールドワーク！米名門大で学んだ異色の〝性の探究者〟

水谷梨明日《みずたにりあす》

『IQ140！ インテリでボーイッシュなエロ頭良い帰国子女 スレンダー現役女子大生AVデビュー』『K大学に通う英語ペラペラ／高学歴バイリンガール逸材発掘‼』。これは、2023年4月にリリースされた水谷梨明日さんのデビュー作のタイトルとパッケージに記されたキャッチコピーだ。よく詰め込んだなと思うほどの情報量で、ここに水谷さんの特徴が集約されている。

現在も慶應義塾大学とアメリカのグリネル大学に籍を置き、ジェンダー関係の研究をしつつ文筆活動や翻訳業もこなす水谷さんに、生まれ育った環境からAV業界に入った経緯、現在とこれからの活動などについて聞いてみた。

アメリカで生まれて幼少期を日本で過ごす
小2からイギリスに住んで英語に苦労

――幼少期のお話から伺いたいんですけど、お生まれはアメリカなんですか。

水谷　アメリカのボストンです。

――ちょっとハーフっぽいお顔立ちですけど、純日本人でしょうか。

水谷　そうです。両親は東京生まれで、幼少期に東京に戻りました。

――どんなお子さんでしたか。

水谷　よくしゃべる元気な子でした。幼稚園とか小学校低学年だと4月、5月生まれの子が元気でよくしゃべると思うんですけど、私も5月生まれで、そのパターンでした。東京の小学校に行って、小1から柔道を習っていて、男の子とも対戦してました。

――その頃から勉強は得意だったんでしょうか。

水谷　いいえ、今も数学は苦手だし、当時から語彙は豊富だったけど、図形や空間把握能力はなかったですね。よくしゃべるし本もよく読むんですが、理数系は苦手でした。

――小学校から塾に？

水谷　小学1年から近くの学研の塾に行ってました。そのあと小学2年生の夏に父の転勤でイギリスに行きました。それまではよくしゃべってた子どもだったのに、英語を一言もしゃべれない状態で行ったので、全然違う性格になりました。向こうでは「すごく静かな日本人の女の子」と受け止められていたと思います。

――小2からいつまでイギリスに？

水谷　中学校1年生までいました。

――お父さんのお仕事はどういう関係なんですか。

水谷　商社に勤めている会社員でした。今はイギリスのメーカーに転職して、多分そっちで定年退職すると思います。母は主婦しながら、いろいろ面白いパートをしてました。デパートで実演販売をしたり、小さい社労士事務所で働いたり……。弟が1人いるんですけど、友だちの親からバイト代をもらって、弟と同じくらいの子のベビーシッターをしたりしてました。でも、私が学校から帰ると、いつも母は家にいました。子どもが家にいない時間に限定して働いていたみたいですね。

――イギリスでの生活はどうでした？

水谷　嫌なことをされても英語をしゃべれないので、泣くことしかできなくて、年齢の割に幼い子だと思われてたみたいです。半年くらいで言われていることはわかるようになったけど、自分で考えてしゃべるまでにはもう少しかかりました。でも、小学校を卒業する頃には、すっかりロンドンで生まれ育ったみたいな子どもになってたらしいです。ヨーロッパに旅行して、どこから来たのって聞かれて「ロンドン」って言うと、「確かにロンドン英語だね」と言われるほど馴染んでましたね。今も外国に行くと現地の若者に溶け込む特殊能力があります。中国に行ったら中国語で話しかけられるし……。

――中国語もわかるんですか。

水谷　全然。でもどこに行っても観光客っぽくないらしくて、謎のアジア人ですね（笑）。

――小学校は部活とか入ってたんですか。

水谷　学校の聖歌隊のクラブに入ってました。そこで口を大きく開けて歌ってくれるから、友だちの口を見て、「r」とか「l」とか「th」って「こうやって発音してるんだ」というのを覚えました。負けず嫌いだったので、ちょっかい出されたりすると言い返したいし、発音ができないことでいじられたくないから、そのへんは必死でしたね。

――聖歌隊で発音の勉強したんですね。

水谷　そうです。すごく友だちの口を観察してたのを覚えてますね。あとは小学校のとき、近所の教会に放課後クラブみたいなのがあって、教会の人に遊んでもらってました。日本の小2で向こうに行ったんですけど、小中の分け方が少し違うので、イギリスでは小学校

4年間と、中学に2年ちょっといました。

――イギリスの中学生活はどうでしたか。

水谷　小学校までは親が送り迎えして、学校にもよく親が来るんですけど、中学から突然、自分で全部いろいろ管理しないといけなくなりました。「あなたたちは若い大人の女性ですから」っていう教育でしたね。中学は女子校に行ったせいもあるかもしれませんけど。

――向こうでボーイフレンドがいたんですか。

水谷　土曜日に日本人学校に行ってたんですけど、そこで仲よくなった男の子は1人いました。彼氏とかじゃなく、親も仲がよくて学校のあと遊んだりする感じで。でも、向こうはちょっと意識して、私を好きだと思ってくれてたみたいです。

父親の部屋にあったエログッズやDVDを見つけ、ドキドキしながら見たのが最初のエロ体験

――エロに目覚めたのはいつですか。

水谷　10歳くらいのとき、父がどっかのお土産かなんかで自分用に買ったのかわからないんですけど、裸の女の人の写真がいっぱい載ってるトランプを持ってたんですよ。父の部

屋の引き出しの中にそれがあって、見つけた時に「何これ」ってドキドキして。海外のやつなんで無修正で、オマ○コとかも出てて。父はプレイボーイとかの雑誌も好きでよく買ってたんですね。昼間、そういう雑誌を父の部屋で発掘して、1冊自分の部屋に持って行って、夜1人で見てました。

――向こうはポルノビデオとか普通に見られたんですか。

水谷 どこで売ってるかは全然わかりませんでしたね。テレビはちょっと緩い感じで、両親ともジェームス・ボンドが好きで『007』を見てましたけど、ボンドガールとの濡れ場が必ずあって。あと、エイプリルフールだったかな。ニュース番組でいつも普通に天気予報やってるキャスターが途中から脱ぎ始めて最後全裸になるんですよ。隠したりもせずに。

――ブリティッシュジョークみたいな感じですか。

水谷 そうです。ブリティッシュジョークです。文化というか、ロンドンって曇りばっかりなんで、ちょっとでも日が差すと脱ぎ始める人がいっぱいいるんです。もちろん街中では上半身とかで、女性はブラジャーまではとらなかったような気がしますけど。

――お父さんも自分のトランプや雑誌を見られてるとは思ってなかったでしょうね。

水谷 父は海外や日本のAVも何枚か持っていて、黒い何も書いてないDVDケースの中

【水谷梨明日　Profile】
生年非公表。日本人の両親のもと、アメリカで出生。慶應義塾大学の経済部を一学期で退学し、アメリカの名門リベラル・アーツ・カレッジのグリネル大学でジェンダー論を学んだ。2023 年 4 月『IQ140 インテリでボーイッシュなエロ頭良い帰国子女スレンダー現役大学生 AV デビュー 水谷梨明日』（MOODYZ）で AV デビュー。エロ賢いキャラクターを活かして数多くの作品に出演するほか、翻訳家、文筆家としても活躍している。

に入ってました。それも発掘してみてましたね。

――探す嗅覚がすごい（笑）。

水谷　パソコンが使えるようになってからは、なぜかお漏らしを我慢するとか、お漏らししちゃう女性っていうのが、その頃の私に刺さったらしくて、ひたすらそれをパソコンで調べて見てました。そしたらウイルスに感染してパソコンが動かなくなっちゃったんです。母は父のせいだと思ったらしいけど、言い出せなくて……。

――そういう性癖があったんですかね。

水谷　日本の小学校時代にも、すごく仲のよかった友だちの家にお泊まりしたとき、「おしっこ我慢してるフリして」っていう謎の遊びをしてました。その子も断れなかったのかやってくれて。今思うとすごい謎でしたね。変な子どもでした。

――日本に帰国されたあとの中学校生活はどうでしたか。

水谷　陸上部に入って、中学2年の最後の方で英語ディベート部にも入りました。最終的にはディベートが好きになって、大学でも競技ディベートをしてました。

――中学ではモテましたか。

水谷　全然モテないです。中学2年の頃、男子が女子に「ブラしてる」みたいな話をするのに、すごい嫌悪感を感じてました。だから中学、高校は女の子としか遊びませんでした。

――急にそういう嫌悪感が？　思春期だからでしょうか。

水谷　私、赤ちゃんのときに、なぜか男の人がすごく嫌いだったらしくて。父が抱っこしようとするとめっちゃ泣いて、知らない男の人が近くにいるだけで大泣きしてたそうです。中学校へは埼京線で通ってたんですけど、まだ日本の混雑した電車に慣れてない頃に痴漢にあってすごく怖い思いをしました。男性への嫌悪感が甦ったのか、痴漢経験のせいかわかりませんけど、当時は性的な感情を寄せられるのがとにかく嫌でした。

――高校時代もそうなんですか。

水谷　高校2年のときに初めて彼氏ができたんですが、デート中とかにだんだん近づいてくるのが嫌で、一定の距離を保とうとしてました。向こうは話したいこともしたいこともあっただろうけど、LINEで話すくらいでしたね。

――男性そのものについて、興味がなかったんでしょうか。

水谷　興味はありました。日本に帰ってきたときに仲のよかった友だちが池袋のアニメイト（アニメグッズ専門店）に連れていってくれて。当時、私『リボーン』（『家庭教師《かてきょー》ヒットマンREBORN《リボーン》!』）っていうアニメが好きだったんですけど、そのキャラクターで制作したBL本のコーナーに連れてってくれたんです。その子は大量に持ってて貸してくれたりしたので、BLのエロとかはめちゃくちゃ読んでましたね。

――やっぱり読むほうが？

水谷　そうです。エロ小説も読んでました。高校生になってからも、ハリーポッターとか海外ドラマのエロシーンなんかを見てました。その頃、『フィフティ・シェイズ・オブ・グレイ』っていうSM関係の男女を描いた映画が話題になったんですけど、それはもともと同人誌の大人の女性向けの官能小説でした。その原作小説を読んで、「私もいつかムチで誰かに叩いてもらうんだ」みたいなことを考えてる中高時代でした。

1学期だけ慶應大学に行ったあと、アメリカの大学でジェンダー学を学ぶ

――高校卒業後は現役で慶應合格ですか。

水谷　慶應の経済学部に一般入試でたまたま受かりました。日本の大学とアメリカの大学、両方受けてどちらも受かったんですけど、アメリカの大学が始まるのが8月とか9月なんで、最初の1学期だけ慶應に行ってました。

――めちゃくちゃすごいですね。

水谷　全然そんなことありません。日本の大学に行く気はなかったので、高校2年生くら

いから学校の勉強はほぼしてなくて、塾も行ってなかったんです。ただ慶應はありがたいことに英語の配点がすごく高くて、アメリカの大学受験の勉強をしてたので、それで最後の2年で英語力も上がって合格できた感じです。あと苦手なりに、泣きながら数学やったおかげで経済学部の足切り点には何とか届きました。数学の足切りがあって、それを超えていると他の2教科のテスト結果を見てもらえるというシステムなんです。でも、アメリカの大学に行って戻ってきてから、また慶應を受験したんですけど、経済と商学部を受けて経済は落ちました。数学ができなくなっていたので。だから当時は本当にギリギリだったんだなと改めて思いました。

――でも商学部は受かったんですね。

水谷　現在、慶應の商学部に在学中です。今は休学してるんですけど。いつまで大学生やるんだって話なんですけどね（笑）。

――高校3年のときは相当勉強しましたか。

水谷　アメリカの大学受験って、自分を説明するエッセイを書かなきゃいけなくて、それを学校や塾の先生に見てもらって何度も書き直しました。勉強というよりは文章力と自己アピール力を特訓しましたね。あとは共通試験を受けるので、単語をいっぱい覚えました。それまでも帰国子女クラスで英語を勉強してたんですけど、高校2～3年で難しい単語が載ってる分厚い単語集をずっとやってました。でも、その何倍もアメリカの大学で勉強する羽目になったので、今思うと受験期はたいしたことなかったなと思います。

――アメリカではどんな大学に？

水谷　アメリカの四年制大学の中には、小規模で寮生活を基本にしていて、いろんなことを幅広く学べるリベラル・アーツ・カレッジと呼ばれる大学があるんです。リベラル・アーツ・カレッジは全部で600校くらいあるんですが、その1つ、アイオワ州にあるグリネル大学に行きました。学生数1700人の本当に小規模な大学で、学生対教授の人数比は9対1、ほとんどの授業は学生数20人未満です。

――大教室での授業とかはなくて、全部ゼミみたいな？

水谷　そうです。その大学でジェンダー学を専攻しました。自慢みたいになってしまいますけど、グリネル大学は入学するのが難しくて、全体の合格率が9％程度、留学生に限ると1％未満です。来て欲しい生徒には奨学金を出しますが、何％出るかは大学側次第。私はほかの大学も受かってましたけど、他大学は申請した50〜65％くらいの奨学金しかくれなかったのに対し、グリネルは100％だったので即決でした。

――アメリカの大学は入るのはそれほど難しくなく、卒業が難しいと聞きますけど？

水谷　そう言われてますけど、人気のあるリベラル・アーツ・カレッジや、ハーバードなどのアイビーリーグ校（世界的に知られる米国の8つの私立大学）に関しては、入るのは激ムズの運ゲーで、卒業するのも血反吐と涙と汗って感じです。私は結局、まだ卒業してないんですけど（笑）。

――慶應の経済学部に入学されて、その年には退学されたんですよね。

水谷　そうですね。短い間ですけど、ディベートサークルに入りました。中高時代からたまに練習に行かせてもらっていたサークルで、通常は1年生が出ない大会にチーム戦で出させてもらいました。その1学期のおかげで、今でも遊ぶ慶應のサークルの友だちがいます。

――どうしてアメリカのその大学に行きたかったんですか。

水谷　小さい学校だからです。クラスが20人とか25人で、教授が全部の宿題を添削までしてくれるような環境なんです。授業を聴くだけじゃなく、みんなで考えて話したり、アウトプットしたり……。高校2年生のときに行ったサマースクールで、そういうリベラル・アーツ・カレッジの存在を知って楽しそうだなと思ってて。とくにグリネル大学は教養と批判的思考力を身につけることが第一の学校で、教育熱心な教授ばっかりで、面白い先生もいっぱいいいました。ただ勉強はめちゃくちゃ大変でした。

――不勉強ですみません。そもそも、ジェンダー学ってどういうものなんですか。

水谷　ジェンダーって、生物学的な性とは違う、社会や文化で形成された性のことです。ジェンダー学は、かつて女性が大学に行けなかった時代に、大学教育や哲学を批判的に分析する視点を持った頭のいい女性たちが中心になってできた学問で、何事も批判的に見たり、分析・評価したりして、すべての人が幸せに暮らしていけることを根本的なテーマにしています。私は文系でしたけど、文学、哲学、社会学、歴史学、自然科学などいろんな観点から性別や性差別について考えます。自分の価値観や既存の価値観を徹底的に見直していくことを、3年間みっちりやってすごく面白かったです。

――ジェンダー学を学んだことと、その後にAV業界に入ること。そのふたつは関係していますか。

水谷　そうですね。AV以前に、大学時代からいろんなアングラエロシーンを探検したり、風俗を経験したりしたんですけど、個人的にはグリネル大学でジェンダー学を専攻したことが、そうした体験のモチベーションの裏にあります。気分的にはずっと、野良の文化人類学フィールドワーカーって感じでしたから。そうした職務経験のない部外者として、セックスワークや日本の性にまつわる文化について勉強し続けるのは、「何か違うなぁ」と思っていました。そうした世界に溶け込めてる人が書いてる本の方が個人的に面白かったので、私が浸かれる世界にどっぷり浸かりに行きました。

――新鮮な視点です。水谷さんにとってはすべてが研究というか、フィールドワークなんですねぇ。

超真面目にエロを学び、研究した大学生活 性にオープンになって3桁の相手と体験

――初体験はいつだったのでしょうか。

水谷　大学1年のとき。相手は慶應のサークルの先輩でした。高校までアメリカにいた友だちから、「アメリカに行く前に絶対セックスしといた方がいい」って言われてたんです。気軽にセックスするアメリカの大学のノリに参加したいんだったら、何も知らないで行くのはよくないと。私、アメリカの大学でやりたいことの1つが「乱交パーティーに行くこと」だったので、確かに体験しといた方がいいなと思って付き合いました。

――処女だったのにそんなこと思ったんですか。

水谷　ひたすらそういう本を読んでたので、むっつりすけべというか、知識だけは豊富で。

――男性への嫌悪感は、そのときはなくなっていたんですか。

水谷　まだちょっとあったんですけど、体験したかったから。ただ、私はアメリカに行く

までの関係だと思ってたんですけど、思いのほか向こうが好きになってくれちゃって。しばらくは遠距離恋愛したんですけど、申し訳ないことしたかなと思いました。

――向こうの大学では希望していた乱交パーティーに参加したんですか。

水谷　そうです。1年生のときに。先輩とかに「どこで乱交パーティーやってるんですか」って聞きまくって。トランスの人でも何でもOK、どんなセクシュアリティの人もくるよっていう乱交パーティーに行って、「わーすごい、みんな裸だ」みたいな。ただ、そのときは見てるだけでもいいといわれて見学に行っただけでした。あと、寮の談話室を借りて、セックスしないけど、みんな全裸でクッキー作ったり、ボードゲームしたりするヌーディストクラブにも行きました。

――寮って学校の？

水谷　はい。他にも学校にBDSM（性的興奮を得るための拘束・支配・SM行為）研究サークルがあって緊縛のワークショップをしたり、ゲイの子たちのためのお尻の穴を洗浄する説明会をしたり、セクシュアルヘルスセンター（妊娠や避妊、性感染症など性に関する健康をサポートする施設）で大人のおもちゃや避妊用具の相談を受けたり、どうやったら安全にいろいろ楽しめるのかみたいなイベントをやったりして、すごくオープンでした。

――すごいですね。乱交パーティーはその後も行ったんですか。

水谷　私はあくまでも体験のために行きたかったのですが、恋愛が絡んだ同級生や先輩のドロドロを見てしまったので、乱交パーティーは1年生の1学期だけでやめました。

――その後、男性とのお付き合いは？

水谷　そのときはまだ日本にいる彼氏と付き合ってたのに、留学生の男の子とかと浮気をしてました。浮気しちゃったみたいな罪悪感はあって、そこからポリアモリー（複数のパートナーと合意の上で関係を築く恋愛スタイル）とか、オープンリレーションシップ（パートナー以外の人と恋愛や性的関係をもつことに合意している関係）というようなことが知識として入って来たんです。私も浮気性だけど、そういうのを了承してる関係だったら浮気にはならないし、相手を傷つけなくてすむということを学んだりしました。

――note（クリエイター向けのコンテンツ配信用プラットフォーム）にも浮気とポリアモリーの違いを書いていらっしゃいましたよね。私も浮気とポリアモリーの違いがわからなかったんですが、あの記事でよくわかりました。

水谷　不倫とかで苦しむ人たちはいっぱいいると思うんですけど、中には多分、浮気が治らない人もいるので、それをオープンにすれば傷つく人も減るのかなと思ってます。結局、日本の彼とは、1年半くらい遠距離恋愛したあとに別れたのですが……。

――それからはどんな出会いがありましたか。

水谷　大学ではパーティーが毎週金曜日と土曜日にあって違う人と会えるし、すでに1回セックスしたことがある人とも、平日で授業のない時間は宿題するか遊ぶかしかないから会えるし……という感じで着実に増やしていって、3桁超えみたいな経験をしました。田舎すぎて大学以外だとあまり出会いがなかったんですけど。

――急激に実体験がふえていったんですね。

水谷　中高時代では周りに「ゲイです」とか「レズです」って表明してる人はいなかったし、そもそも自分でもわかってない人も多かったと思うんですけど、アメリカの大学ではオープンにしてる学生や先生がいっぱいいて、実体験と座学の両方を、一気にたくさんしたって感じでしたね。文学分野のジェンダー学の授業を取った時は、授業でも官能小説とか読むんですよ。レスビアンの官能小説の有名な本について、真昼間にみんなでディスカッションしたり……。

――そういう話をしてもセクハラにならなさそうですね。

水谷　そうですね。そこで真面目にエロい話をするっていうのを習得したんですよ。だから日本に帰ってきても男の子の友だちが、彼女とうまくいってないとか相談してくれるようになって。でも私はそういうことに対して変な風にかまえないし、もちろんセクハラだとは思わない。そんなふうに性に関してオープンに対応できることが身についたのは、けっこうアメリカの大学の影響が大きいです。

頑張り過ぎがたたり、うつで休学して帰国 日本で乱交パーティーに50回以上参加

――アメリカの大学は3年で休学されているんですよね。

水谷　休学したのは、過労でうつと診断されたのが直接的な理由でした。大学生活を楽しんではいたのですが、勉強と遊びに頑張り過ぎてエネルギーが枯渇したみたいです。自殺未遂してヘリコプターで運ばれたり、アメリカの精神閉鎖病棟に入院したりして大変でした。両親が泣きながらアメリカまで迎えに来てくれ、超高い医療費にビックリしたりして、本当にいろいろありました。濃厚過ぎて語りきれないので、いつかまた（笑）。今も休学したままで、いつか復学したいとは思っています。

――大変でしたね。

水谷　そんなことになってしまったのは、優等生だった自分にとってアイデンティティクライシスだったのですが、そんなときでもエロのやさしい世界に癒されました。基本的に学歴や職歴を語らずに裸で戯れる匿名性の高いエロの世界で、「君、面白いね～」と言っ

てくれる面白い人たちと仲よくなれたことで、別に学校の成績がよかったり、理想の仕事についていたりしなくても、「私は面白い人間なんだな」と思えるきっかけになりました。

――それで帰国されて、慶應の商学部に入り直されたんですね。日本でも乱交パーティーに参加されたそうですが、それはいつ？　どうやって探したんですか。

水谷　２０１９年の夏頃です。友だちにいろんな日本のエロシーンを探索しているカナダ人の40歳くらいのおじさんがいて、その人が教えてくれたブログサイトでプロフィールを作ると、招待状がいっぱい来たんです。その中で一番文章がしっかりしてて、場所も有名なホテルで、ここなら大丈夫かなみたいなところに、最初は見学で行きました。

――いきなりお一人で？　すごいですね。

水谷　いきなりは怖いからホテルラウンジで食事をして、主催者の人と話してから本当に行くかどうか決めていいですよって言われて。ここまでしてくれるんだったらいいかなと。

――参加費はいくらぐらいなんですか。

水谷　女性は無料で、男性がその日のホテルの部屋代を人数で割って、せいぜい1万円くらいです。主催者も趣味でやってるから利益は出さないグループでした。

――参加者は何人ぐらいですか。部屋は広いんでしょうか。

水谷　多い時だと25人とかですけど、途中で帰ったり、途中から来たりする人もいます。

男女比は2対1くらいですね。めっちゃ広い部屋です。ホテルで一番広い部屋かも。

――ガツガツした人とか来ないんですか。

水谷　主催者と昔から来てる人たちが、危ないことがないように厳しくしてて、新しい人が来たらめちゃくちゃ監視してます。女の子2人からクレームがきたら即退場です。すごく秩序やルールがあって、コンドームはこうするとか、女の子によってはキスがNGとか、ここは触ってほしくないっていうのを、みんな周知した上でプレイをするんです。

――何歳くらいの方が多いんですか。

水谷　40代、50代かな。多分10、15年くらい続いてる会だったんで、30代くらいからずっと来てるみたいな感じで、ほぼ毎回同じ人が来てましたね。

――そこに元AV男優さんがいらっしゃって、それをきっかけにAV業界に入ったとか。

水谷　その男優さんは、みんなに見せるようなパフォーマティブなセックスをする人ですごいなって思いました。それまでは相性とか趣味が合うことが重要だと思っていましたけど、経験豊富な人たちは見た目とかじゃなく、上手い人は上手いんだとわかりました。そういう人たちと出会えて、一気に経験人数も増えて、人に見せるとか人前でするっていうことに対するハードルが下がりましたね。さっき言ったようなルールのある遊びとしてのセックスっていうのを知って、楽しいなって思えたので、仕事でもできるかもしれないと思い始めたんです。元AV男優さんがいたのは大きなきっかけになりましたけど、この乱交パーティーへの参加自体が、広い意味ではAVへのハードルを下げるきっかけになった感じです。

――そういうことなんですね。乱交パーティーはけっこう通われたんですか。

水谷　めちゃくちゃ通いましたね。途中から私のスケジュールありきで組まれるようになって（笑）。

――トータルで何回くらい行かれたんですか。

水谷　50回以上。でもコロナになったときに解散しちゃったのでもう行っていません。

「現場でセックスワークも経験したい！」という気持ちからソープとSMクラブで働く

――風俗もされてたんですか。

水谷　はい。大学時代の仲よかった友だちが「僕スカウト始めたんだよね」って言ってきたんです。IT企業のエンジニアなんですけど、グレーなバイトとして始めたらしくて。もともと興味はあって、セックスワークとかについて部外者として勉強してても知ることは限られていて、実際にそういう仕事をしている人たちがどう思ってるかは、やらないとわからないよなとずっと思ってました。それで、ちょうど友だちがスカウト始めたのでやりました。ソープで１か月、ＳＭクラブで４か月。

――働いてみてどうでした？

水谷　楽しかったですね。というか、すごくいろんな学びがありました。ソープは女の子に対する講習がしっかりしているお店に所属してました。マットプレイができるようになりたいと思って、そこで超熟練の元ソープ嬢から教えてもらいました。そのあと池袋にあるＳＭクラブで働きました。富裕層のお客さんばっかりで料金が高い高級デリヘルみたいな店でした。ハードプレイをする人はいるけど、最初に指名した子にいきなりそういうことをするお客さんはいなくて、めちゃくちゃ楽しかったです。店長がお嬢様みたいな売り方をしてくれたんで、すごく丁重にＭ嬢として扱われました。そもそもＭ嬢ではあるんですけどね。

――読みもので知ったSMとのギャップはありましたか。

水谷　思ってた以上に刺激が強かった。私は服従するのが好きなんですけど、ロウソクなんか火花が飛び散るみたいな感じで。そういう実感は小説では読み取れないものでしたね。

――想像してたよりよかった？

水谷　よかったですね。安い風俗に行くと性病が怖いからっていうお客さんもいて、いろんなルールは守ってくれました。その前にセフレとはＳＭやってたんですけどね。

――プロっていうか、お仕事でやるとちょっと違いました？

水谷　好きで遊んでる分には関係性もできているし、Ｓの人に身を委ねられるんですけど、仕事だとやっぱり自分でＭの制限を伝えないといけませんよね。「こういうことはできません」とか、身を守るために自分から言わないといけないので、そこはきちんとやりました。けっこうハードなことをするから、しっかり意思表示することが大事。頑張っても体が持ちませんから。でも面白かったです。

前から興味のあったＡＶ女優としてデビュー
ＡＶ女優は頭を使わないと生き残れない

――ＡＶ女優さんになられたのは何年ですか。

水谷　２０２２年の８月に事務所に面接に行きました。

――直接のきっかけがあったんですか。

水谷　それもスカウトですね。風俗のときとは別のスカウトに、ＳＭクラブの仕事帰りに声をかけられて、イケメンだったので連絡先を交換しました。普通に友だちとして仲よくしてたら、「AVいけるんじゃない?」「じゃあやってみたい」となって。さっき言ったように乱交パーティーで気持ちの面のハードルも下がっていましたし。彼がいくつかの事務所を教えてくれたので、そのうちの一つを選んで行きました。

——撮影初日はいかがでした?

水谷 ここが私がたくさん見てたAVの世界、カメラの向こう側なんだって思って、すごいワクワクしました。ディズニーランドのスタッフになったみたいな。

——子ども時代にお父さんのAVを見て以来、どんなふうにご覧になってたんですか。

水谷 よく見るようになったのは、シルクラボの女性向けAVが流行りだした頃で、一徹さんとかの作品をネットでめちゃくちゃ見てました。2017年頃かな。

——好きなエロメンはいました?

水谷 一徹さん。すごく緊張してる女の子に対して、初対面でこんなに仲よくなれるんだと思って。ドラマとかじゃなくて、その素人の子を撮影するのをめっちゃ見てました。一徹さんすごいなぁと思って。そのあとドラマものとかも見るようになって、鮫島さん(鮫島健介)がすごく好きになりました。あと小田切ジュンさん。そしたらデビュー作に二人ともいてめっちゃ感動しました。

――それを伝えましたか？

水谷　恥ずかしくて直接は言えなかったんですけど、監督にはめちゃくちゃ言ってました。

――デビューだからかっこいい人当てるみたいな計らいはあるんですか。

水谷　やっぱり女優さんのキャラクターによって相手の男優さんが変わると思うんですけど、とくにデビュー作は絶対に信頼できる男優さんが呼ばれるイメージはありますね。

――今回、じつはSODさんのAV監督さんにインタビューしたときに水谷さんをご紹介いただいたんですよ。すぐにお名前が出てきて。

水谷　ありがたいです。SODさんは、『オマ〇コ航空』とか『チ〇ポトンネル』とか、すごく変なバラエティ作品ばっかり撮ってるSENZっていうレーベルに何度も呼んでもらいました。私はそういうの大好きなんでうれしかったです。

――元AV女優の黒木香さんに憧れとかあったんですか。

水谷　『全裸監督』のドラマを見て、黒木香さんっていう存在を初めて知って「こんな人がいたんだ」と思いました。AVに出て、お上品に賢く、性についてお茶の間で語ることが受け入れられた人っていうのが新鮮で。批評家と演者って別物のように感じてたんですけど、ドラマの中とはいえ黒木香さんはエロを演じるだけでなく、自分の言葉で語っていたので、その2つは兼ねることができるんだと思いました。

――確かにそうですね。

水谷　「エロ頭良い」って私のデビュー作に書いてあるのも、多少、黒木香さんを意識して、プロデューサーさんに「知的にエロを語る女優になりたいです」みたいに言ったからだと思います。

――私の偏見かもしれませんけど、ＡＶ女優さんって賢いイメージがあるんです。

水谷　頭いいと思います。

――なぜだと思います？

水谷　ＡＶ女優はアドリブが多い仕事で、イベントなんかも何の説明もなく連れていかれます。土壇場でそれをできる人たちが残っていく感じがありますね。ファンとの接し方とかＳＮＳも自分でやるし、イベントでファンと話すときも全部自分で考えてやります。一般的な映画、舞台、ドラマと違って台本も前日に来るし、ときには当日に流れとかを説明されて、ドラマ作品とかドキュメントとかを撮ってるので、頭のよさは必要だと思います。あと最初の頃は男優さん任せで流れが決まっていくと思うんですけど、やっぱり残っていく女優さんは、みんな監督の意図を汲んだうえで演技をして、すごく頭を使っていますね。自分の見せ方とかもわかっていないと生き残るのは難しいと思います。

母親に反対されるも自分を貫いて仕事を続行 AV女優のセカンドキャリアについての考察も

――親御さんはAVのことご存じなんですか。

水谷　母は知ってます。カミングアウトしたわけじゃなく、勝手に知ってました。たくさん撮影してた時期に、1週間くらい落ち込んでるなと思ってたら、突然、「こんなの出てるでしょ。こんな変な名前で」って、めちゃくちゃ泣かれて「やめて」と言われました。私が自分でつけた名前なんだけどなと思って。ミスタ・リアス（Mysta Rias）さんっていうVチューバーさんが好きで、そのお名前をもじってつけたんです。リアスの漢字は朝ドラの『あまちゃん』にスナックの名前として出てたのをいただきました。

――そのときは同居されてた？

水谷　そうです。同居してて、性病検査の結果が毎月送られてきてたんですよ。なんで送られてくるのかなと思ったのがきっかけだったらしくて。

――泣き出してからどうなったんですか。

水谷　「私は明日からも仕事行きます。私がやりたくてやってることだから」って言って、普通に仕事に行きました。しまいには、「弟の彼女がこれを知ったら別れられちゃうかもしれない」とか言い出して。そしたら弟が来てくれて「別にお姉ちゃんが好きなようにしたらいいんじゃない」「これからもっと世界が受け入れるようになる仕事だろうし」って。

――めちゃくちゃいい話です。

水谷　「なんていい弟なんだ。大好き」って私も思いました。その後、母と仕事の話もできるようになって、受け入れてくれてるっぽいです。ただ、「自分が嫌なこと、やりたくないことは絶対しないで」と言われました。2024年の4月に家を出て1人暮らしになりましたけど、今は関係性は悪くないですね。

――これもnoteで拝見したんですが、AV女優さんのセカンドキャリアについても書かれていましたね。

水谷　AV女優のセカンドキャリアは難しいとよく言われますけど、いろいろ道はあると思っていて、そういうのを考えるのも楽しいんですよね。とりあえず私が考えたのが、第一にAV女優の注目度とフォロワーの多さを活用してソーシャルメディアマーケターになること、第二に女優としての経験を活かしてプロデューサー・監督・カメラマン・演技指導といったアダルトコンテンツクリエイターになること、第三に偏見の多いAV業界でカウンセリングができる心理カウンセラーになることです。あと、個人的に目論んでいるのが、ＡＶ業界で働く方々、とくにフリーランスの税務管理や資産運用を行う税理士になること。資格取得のハードルは高いけど、私の場合は日本の大学で学んだことが役立ちそうなので、いいかなと思っています。

――それは女優業を続けながらですか。

水谷　わかりません。じつは今、妊娠中で休業しているんです。出産後も撮影のオファーを頂けるなら行きたいですね。あと同人のエロとか、アダルトクリエイターが運営してるファンクラブとかもすごく面白そうで。コスプレイヤーさんとかフェチフェスとかイベントの即売会とかで活動してるグラビアアイドル兼エロいお姉さんたちもいっぱいいて、そういう近接した業界も見てみたいですね。そんなのもあって、自由に活動するために事務所を辞めたって感じです。

――ご出産のご予定は？

水谷　３月初めなので、この本が出るのと同時くらいかもしれません。

――出産のご無事をお祈りします。可能でしたらＡＶへの復帰も。

水谷　はい。ありがとうございます！

おわりに

本書では5名の現・元AV女優、AV男優・AV女性監督各1名に、生い立ちや育った環境、この仕事についた経緯、家族との軋轢《あつれき》、AV業界の実際、現在の働き方などを語ってもらった。そしてもう1つ、全員に尋ねたのが「これからやりたい仕事」について。

AV女優のセカンドキャリアには、以前から関心があった。AV女優という仕事は働ける期間が短い。あんなに光り輝いてファンを楽しませてくれた彼女たちには、そのあとどんな道が開かれているのだろうか。そんなことを常々考えていた。

高学歴なら、セカンドキャリアの幅も広がりそうだが、逆に注目度が高い分、障壁も大きいかもしれない。事実、デジタルタトゥー的な影響を感じているとか、予測しているという発言は少なからずあった。「自分は後悔していないけれど、安易な気持ちで始めることはお勧めしない」という言葉もあって考えさせられた。

本書の最後にご登場くださった水谷梨明日さんは、noteに「AVとタトゥーと私」という文章を発表されている。SNSでたまたま見た「AVとタトゥーは一緒」という主張に対し、自身、腕にタトゥーを入れている水谷さんが考察したものだ。そこに以下の文章があって心が揺さぶられた。

「不便だと思うこともあるが、後悔はしていない。このタトゥーの持つ意味が今の私にとっても、過去の私にとっても重要であり、かつこのタトゥーを禁止しない人や施設で私の生活圏は保たれているから。AVもなんの考えもなしに出演したわけではない。（中略）進まなくていい道を進んだとは思うし、良く思ってない人もいるだろうし、閉ざされた道も沢山あると思う。でも、わたしは困っていない。自分のしたいことが出来て日々楽しい。そして、今後もきっと後悔しない」

AV女優のセカンドキャリアは、狭められる部分もある代わりに、そこでしか得られない経験をしているからこそ、つかめるチャンスもあるはずだ。自分らしく輝ける次のステージにたどりつき、そこで活躍する姿を見たいと切に思う。

本書上梓にあたりご協力いただいた現・元AV女優の皆様、監督、プロダクション関係の方々、ご尽力いただいた編集担当の権田一馬さん、編集協力いただいた松崎千佐登さんに心より感謝申し上げます。

2025年2月　寺井広樹

著者紹介
寺井広樹（てらい・ひろき）
1980年、神戸市生まれ。同志社大学卒。『副業AV女優』『伝説のAV女優』(彩図社)、『AV女優の家族』(光文社)をはじめとするAV女優のリアルに迫る書籍のほか、超常現象やオカルトの研究をライフワークに『オカルト怪異事典』(笠間書院)、『辛酸なめ子と寺井広樹の「あの世の歩き方」』（マキノ出版)、絵本『ようかい でるでるばあ!!』（絵:日野日出志、彩図社）など七十冊の著作を持つ。

編集協力：松崎千佐登
写真撮影：高澤梨緒
　　　　　橋本和仁

高学歴AV女優

2025年3月21日　第1刷

著　者　寺井広樹

発行人　山田有司

発行所　株式会社　彩図社
東京都豊島区南大塚3-24-4
MTビル　〒170-0005
TEL：03-5985-8213　FAX：03-5985-8224

印刷所　シナノ印刷株式会社

URL https://www.saiz.co.jp　https://x.com/saiz_sha

ISBN978-4-8013-0763-6 C0095